KB048721

연암 박지원 말꽃모음

이 도서의 국립중앙도서관 출판시도서목록(CIP)은 e-CIP홈페이지(http://www.nl.go.kr/ecip)에서 이용하실 수 있습니다.

연암 박지원 말꽃모음

2017년 10월 25일 초판 1쇄 펴냄

글쓴이 | 박지원

엮은이 | 설흔

펴낸곳 | 도서출판 단비

펴낸이 | 김준연

편집 | 최유정

등록 | 2003년 3월 24일(제2012-000149호)

주소 | 경기도 고양시 일산서구 일중로 30, 505동 404호(일산동, 산들마을)

전화 | 02-322-0268

팩스 | 02-322-0271

전자우편 | rainwelcome@hanmail.net

ISBN 979-11-85099-97-2 03100

* 책값은 뒤표지에 있습니다.

연암 박지원 말꽃모음

박지원 글 · 설흔 엮음

단비
danbi

| 서문을 대신하여 |

나는 박지원을 잘 모른다. 박지원의 글도 잘 모른다. 박지원에 대해 쓴 글, 박지원이 쓴 글을 그저 몇 번 읽어 본 게 전부이다. 그럼에도 이런 책을 내기로 한 건 사람들이 박지원에 대해 더 잘 알고, 더 많이 알았으면 하는 바람 때문이다. 사람들이 박지원의 삶과 글에 대해 이러쿵저러쿵 말하고 평하는 걸 듣고 싶은 바람 때문이다. 그래서 나 또한 귀동냥으로 박지원이라는 인간과 작품에 대해 더 잘 알게 되고, 더 많이 알게 되었으면 하는 바람 때문이다.

박지원이 쓴 『연암집』, 『열하일기』, 『연암선생서간첩』에서 글을 뽑았다. 박지원의 아들 박종채가 쓴 『과정록』에도 박지원의 글이 있기에 거기서도 좀 뽑았다. 대부분의 글은 부분적으로만 인용했다. 복잡한 설명이 필요한 부분은 과감하게 줄였으며 어려운 글은 제외했다. 시처럼, 편지처럼, 소설처럼 쉽고 재미있게 읽혔으면 하는 바람 때문이다. 머리를 비우고 읽었으면, 마음에 위로를 받았으면 하는 바람 때문이다. 짧은 평도 달았다. 글을 이해하는 데 도움이 되었으면 하는 바람 때문이다. 물론 무시해도 좋은 평이다.

혹시라도 마음에 드는 글이 있었다면 박지원에 도전해 보는 게 좋겠다. 박지원이 쓴 글을 제대로 읽으면 이 책은 아무것도 아니라는 생각이 들 것이다. 모두가 그런 생각을 하게 되는 날이 왔으면 좋겠다.

설흔

| 차례 |

燕巖

01

벗

其人時議處戴章簡公送人亦意公謝病不應
既去公歎曰王張此論亦其甚後乎先輩先見
如此矣大抵為法之初只當觀其上下之損益以
定其法之善不善均徵之法外則損上而益下其
實損下指克罔民漁利之政莫此為甚可見立法
者之心術回互要也
論戶布口錢之不可不行曰郡邑之民以至鄉
豪富強大大積游手游食一毫不納其力役之

1 벗의 정의

옛 사람들은 벗을 '제2의 나'라 일컫기도 했고, '주선인(周旋人, 주선해 주는 사람)'이라 일컫기도 했다. 한자를 만드는 이는 날개 우(羽) 자를 빌려 벗 붕(朋) 자를 만들었고, 손 수(手) 자와 또 우(又) 자를 합쳐서 벗 우(友) 자를 만들었다. 벗이란 새에게 두 날개가 있고 사람에게 두 손이 있는 것과 같음을 말한 것이다.

— 마테오 리치가 쓴 교우론 첫머리에는 다음과 같은 문장이 나온다. '나의 벗은 타인이 아니라 바로 나의 반쪽이다. 그러므로 제2의 나'다.

2 이덕무의 죽음

이덕무가 죽다니.

꼭 나를 잃은 것 같네.

— 평생의 벗 이덕무가 죽었다는 소식을 들은 후 처남 이재성에게 쓴 편지에 나오는 글이다.

3 걱정이 많은 이덕무

매탕(이덕무의 호)은 반드시 미쳐 발작하리란 걸 그대는 아는지? 일찍이 장연의 금사산에 올라 큰 바다가 하늘에 닿을 듯이 파도치는 것을 보고서 자기 몸이 좁쌀만 한 것을 깨달았다지요. 갑자기 근심 걱정이 몰려와 탄식하며 말했다오. "저 작은 섬에 여러 해 동안 기근이 들었는데 파도가 하늘에 닿아서 구호식량마저 보낼 수 없다면 어떻게 하나? 해적들이 몰래 침략해 오면 어떻게 하나? 용, 고래, 악어, 이무기가 육지를 타고 올라와 알을 까고 사람을 사탕수수 줄기처럼 씹는다면 어떻게 하나? 바다의 파도가 마을을 갑자기 덮쳐 버린다면 어떻게 하나? 바닷물이 멀리 옮겨 가 하루아침에 물길이 끊어지고 섬이 높이 솟구쳐 바닥을 보인다면 어떻게 하나? 파도가 섬을 갉아먹고 부딪치고 넘치고 하길 오래 하여 흙도 돌도 버티지 못하고 무너진다면 어떻게 하나?"

그의 의심과 염려가 이와 같으니 미치지 않은 방법이 있겠소? 밤에 그의 말을 듣고 너무 웃겨서 손 가는 대로 써서 보내오.

— 처남 이재성에게 쓴 편지다. 이덕무는 황해도 장연을 다녀온 후 「서해여언」(西海旅言)이라는 여행기를 썼다. 10월 12일 기록에 박지원이 인용한 내용이 나온다.

4 인생의 갈림길

영숙(백동수의 자)이 일찍이 나를 위해서 금천(金川)의 연암협(燕巖峽)에 집터를 살펴 준 적이 있었다. 그곳은 산이 깊고 길이 험해서 하루 종일 걸어가도 사람 하나 만나지 못할 정도였다. 갈대숲 속에 둘이 서로 말을 세우고 채찍을 들어 저 높은 언덕의 구획을 나누며 말했다. "저기다가는 울타리를 쳐 뽕나무를 심으면 되겠습니다. 갈대에 불을 질러 밭을 일구면 일 년에 좁쌀 천 석은 거둘 수 있겠습니다."

영숙이 시험 삼아 부시를 쳐서 바람 따라 불을 놓았다. 꿩이 놀라서 울며 날아가고, 노루 새끼가 코앞에서 달아났다. 영숙은 팔뚝을 걷고 쫓아가다가 시내에 가로막혀 돌아와서는 나를 쳐다보고 웃었다. "사람이 백 년도 못 사는 건 알고 있지요? 그런데 어찌 답답하게 나무와 돌 사이에 거처하면서 조 농사나 짓고 꿩, 토끼나 사냥하며 살겠단 말입니까?"

이제 영숙은 기린협에서 살겠다고 한다. 송아지를 등에 지고 들어가 밭을 갈 작정이고, 된장도 없어 아가위나 돌배로 장을 담그겠다고 한다. 험준하고 궁벽하기가 연암협보다 훨씬 더한 곳에서! 나 또한 갈림길에서 방황하면서 거취를 선뜻 정하지 못하고 있는 형편이니, 영숙의 떠남을 말릴 수는 없다. 하여 나는 오히려 그의 뜻을 장하게 여길지언정 그의 가난함을 슬퍼하지는 않으련다.

— 가난을 견디지 못하고 서울을 떠나 기린협으로 가는 백동수를 위해 쓴 글이다. 이 시절 박지원 또한 연암협으로의 이주를 놓고 고민하고 있었다.

5 사람들은 홍대용을 모른다

덕보(홍대용의 자)를 아끼는 이들도 실은 그에 대해 잘 몰랐다. 그들은 일찍이 과거를 단념한 덕보가 명예와 이익에 대한 생각을 끊고 조용히 집에 틀어박혀 향 피우고 거문고 연주하며 지내는 걸 보곤 그저 몸가짐을 신중히 하며 마음을 닦고 있군, 하고 여길 뿐이었다. 그들은 덕보가 여러 일을 두루 잘할 수 있다는 것, 문란하고 그릇된 일을 해결할 수 있다는 것, 나라의 재정을 맡아 할 수 있다는 것, 사신의 일을 감당할 수 있다는 것, 군대를 통솔해 나라를 방어할 능력을 지녔다는 것을 알지 못했다. 덕보가 자신의 재능이 남에게 드러나는 걸 원하지 않았기 때문이었다. 그랬기에 덕보는 고을 원님으로 지내며 장부를 잘 정리하고, 아전들을 공손하게 만들고, 백성들을 잘 따르게 하는 일을 하는 게 고작이었던 것이다.

훌륭한 인품과 뛰어난 실력을 지녔음에도 홍대용은 군수, 현감 등을 전전했을 뿐이었다.

6 내겐 벗이 없다

명성, 이익, 권세를 좇는 세 가지 부류의 벗을 버리고 난 후 비로소 눈을 밝게 뜨고 참다운 벗을 찾아보았습니다. 한 사람도 찾지 못했습니다. 벗 사귀는 도리를 다하면서 벗을 사귀기란 확실히 어려운 일인가 봅니다. 그러나 어찌 한 사람도 없기야 하겠습니까? 내가 일을 당했을 때 잘 깨우쳐 준다면 돼지 치는 하인도 나의 어진 벗이고, 의로운 일에 대해 충고해 준다면 나무하는 아이라도 역시 나의 좋은 벗이겠지요. 이렇게 생각하면 이 세상에 벗이 부족한 것은 아니지요. 그러나 돼지 치는 벗은 학문을 논하는 자리에 함께하기 어렵고, 나무하는 벗은 예를 갖추는 자리에 함께하기는 어렵지요. 그러니 옛날과 지금을 더듬어 살펴보면서 어찌 마음이 답답하지 않을 수가 있겠습니까?

7 봉황 대신 평범한 새를 만나셨군요!

어젯밤 달이 밝아 벗을 찾아갔다가 그와 함께 와 보니 하인이 말하더군요. "키 크고 수염 좋은 손님이 노랑말을 타고 와서 벽에다 글을 써 놓고 갔습니다."

촛불을 비춰 보니 바로 그대의 글씨였소. 손님이 왔다고 알려 주는 학(鶴)이 없기에 그만 그대에게 문에다 '봉(鳳)' 자를 남기게 하였으니, 섭섭하고도 미안합니다. 이제부터 한동안은 달 밝은 저녁에는 절대 나가지 않을 생각이오.

— 찾아왔던 손님은 홍대용이다. '봉(鳳)'을 파자하면 범조(凡鳥)가 된다. 만나고 싶은 사람 대신 이상한 사람을 만났다는 뜻이다. 자신을 만나러 왔는데 하인만 만나고 간 것에 대해 사과하는 것이다.

8 깊은 밤 문 두드리는 소리

몽직(이한주의 자)이 나를 따라 노닐 적의 일이다. 비록 사춘(이희천의 자)과 나의 관계처럼 정의가 깊고 우정이 두터운 것은 아니었지만, 그래도 몽직은 달 밝은 저녁이나 함박눈 내린 밤이면 나를 찾아오곤 했다. 술 한 병 들고 와서는 거문고를 타고 그림을 말하며 흠뻑 취하곤 했다. 그 당시 나는 고요히 지내는 생활에 익숙해 있었다. 그런데 달빛 아래 쓸쓸히 거닐다 돌아오면 몽직이 와 있었고, 내리는 눈을 보며 몽직을 생각하면 어느새 문 두드리는 소리가 들렸고, 열어 보면 그이는 바로 몽직이었다. 그런데 이제는 그런 일을 더 기대할 수 없게 되었다.

— 박지원과 깊은 우정을 나누었던 이희천은 나라에서 금지한 『명기집략』을 갖고 있었다는 이유로 형장의 이슬이 되었다. 이한주 또한 비명횡사했으므로 이희천을 떠올린 것이다.

9 그대와 내가 서 있던 그 사이

어제 그대가 정자 위 난간을 배회할 때, 나는 다리 곁에 말을 세우고 있었습니다. 서로 간의 거리가 한 마장쯤 되었겠지요. 우리가 바라본 곳은 아마도 그대와 내가 서 있던 그 사이 어디쯤이었던 것 같습니다.

— 이한진에게 보낸 편지로 추측된다. 묘하다.

10 나무는 꼭 사람처럼

저물녘에 용수산에 올라 그대를 기다렸습니다. 그대는 오지 않았습니다. 강물만 동쪽에서 흘러와 어디론가 흘러갔습니다. 밤이 깊었기에 달빛 비친 강물에 배를 띄워 돌아왔습니다. 정자 아래 늙은 나무가 하얗게 사람처럼 서 있기에 나는 그대가 거기에 먼저 와 있는가 보다 생각하고 기뻐했지요.

— 유한준에게 보낸 편지다. 깊은 우정을 느낄 수 있다. 그러나 둘의 사이는 점점 멀어져 나중에는 아예 원수가 되었다.

11 인연

신기하고도 묘합니다, 우리가 만나게 된 인연이! 도대체 누가 이렇게 만들었을까요? 그대가 나보다 앞서 나지도 않았고 내가 그대보다 뒤에 나지도 않아 우리는 같은 세상에 태어났지요. 그대가 북쪽나라에서 태어나지 않았고 나 또한 남쪽나라에서 태어나지 않아 우리는 같은 나라에 태어났지요. 그대가 남쪽에 살지 않고 나 또한 북쪽에 살지 않아 한 마을에 살게 되었지요. 그대가 무인이 아니고, 나 또한 농사꾼이 아니라 둘 다 같은 공부를 하고 있으니 이 어찌 큰 인연과 기회가 아니겠습니까?

— 곁에 있는 사람을 다시 보게 된다.

12 나날이, 나날이

그대는 나날이 나아가십시오, 나 또한 나날이 나아가겠습니다.

— 참 좋은 말이다. 시경에 비슷한 구절이 있다.

13 한 사람이 쓴 책처럼

『북학의』를 펴서 보니 『열하일기』와 조금도 어긋남이 없었다. 꼭 한 사람이 쓴 것 같았다. 그랬기에 재선(박제가의 자)은 즐거운 마음으로 책을 보여 줬을 것이다. 나 역시 흐뭇해서 사흘 내내 읽으면서도 지겨운 줄을 전혀 몰랐다.

— 그렇다면 『북학의』는 공저일 것이다.

14 석치, 죽다

살아 있는 석치(정철조의 호)라면 함께 모여서 곡도 하고, 조문도 하고, 욕지거리도 하고, 웃기도 하고, 몇 섬 술을 마시기도 하고, 맨몸으로 치고받고, 꼭지가 돌도록 크게 취해 벗 사이라는 것도 잊어버렸다가 마구 토해서 머리가 지끈거리고 속이 뒤집히고 정신이 어질어질해 다 죽게 되어서야 그만둘 텐데, 아, 지금 석치는 정말로 죽었구나!

— 벗이 그리운 건 벗이 꼭 훌륭해서는 아니다. 그와 나눴던 추억이 그를 그립게 만든다.

15 벗과 아내의 차이

재선(박제가의 자)은 벼슬을 그만두었다던데 몇 번이나 만났는지 모르겠네. 조강지처를 잃은 것도 모자라 무관(이덕무의 자) 같은 훌륭한 벗까지 잃어 외로운 신세가 되었으니 그의 얼굴과 말을 안 보고도 알 수 있다네. 천지간에 의지가지없는 사람이라 할 수 있겠지.

참 슬픈 일일세! 내 일찍이 벗을 잃은 슬픔을 아내를 잃은 슬픔보다 훨씬 크다고 말한 적이 있지. 아내를 잃은 자는 두 번, 세 번 장가라도 들 수 있고, 서너 차례 첩을 들여도 안 될 것은 없지. 솔기가 터지고 옷이 찢어지면 꿰매고 때우는 것과 같지. 그릇이 깨지고 이지러지면 새것으로 바꾸는 것과 같지(……) 벗은 그럴 수 없네. 눈이 있기는 하나 내가 보는 것을 누구와 함께 볼 것이며, 귀가 있기는 하나 내가 듣는 것을 누구와 함께 들을 것이며, 입이 있기는 하나 내가 먹는 것을 누구와 함께 맛볼 것이며, 코가 있기는 하나 내가 맡는 향기를 누구와 함께 맡을 것이며, 마음이 있기는 하나 내 지혜와 깨달음을 도대체 누구와 나눠야 할까?

— 조선 시대라는 것을 감안하고 읽어야 한다.

16 백아와 종자기

종자기가 죽었을 때 백아는 거문고를 끌어안고 한탄했겠지. 이제 나는 누구를 위해 연주해야 하나? 내 연주를 들을 사람은 어디에 있나? 허리춤에서 칼을 뽑아 단번에 줄을 끊었겠지. 쨍 소리가 요란했겠지. 그건 시작에 지나지 않았다네. 백아는 자르고, 끊고, 던지고, 부수고, 박살내고, 짓밟고, 아궁이에 쓸어 넣어 불에 태웠다네. 그제야 겨우 성에 찼겠지. 스스로에게 물었네.

"속이 시원하냐?"

"시원하다."

"울고 싶으냐?"

"울고 싶다."

울음소리가 천지에 가득해서 종이나 경쇠가 울리는 것 같았겠지. 눈물은 큰 구슬처럼 옷에 뚝뚝 떨어졌겠지. 눈물 가득한 눈으로 바라보면 빈산에는 사람 하나 없는데 물은 절로 흐르고 꽃은 절로 피었겠지.

내가 백아를 보았느냐고? 그럼, 보았고말고!

17 아침밥

아침밥은 줄 수 있나? 궁금해서 편지를 썼네.

— 아침 댓바람부터 찾아가도 타박하지 않는 사람, 그 사람이 바로 벗이다.

18 대은암에서

얼어붙은 시냇물 위로 물이 똑똑 떨어지다가 다시 얼어붙었다. 겹겹으로 언 얼음 밑에서 흐르는 물소리는 옥처럼 맑고 쓸쓸했다. 달빛은 차갑고 눈빛은 거무스름했다. 고요한 풍경에 마음이 가라앉았다. 서로 마주보며 웃었다. 농담을 주고받다가 시를 지었다. 그러고는 한숨을 쉬었다.

— 벗과 함께라면 매서운 추위도, 차가운 달빛도, 어두운 눈빛도 아름답다.

19 대단한 사귐과 참된 벗

대단한 사귐은 얼굴을 마주하지 않아도 되고, 두터운 벗은 서로 가까이 지내지 않아도 된다네. 마음과 마음으로 사귀고 그 사람의 덕을 보고 벗으로 삼으면 된다는 뜻이지. 이것이 바로 도의로써 사귄다는 말이라네. 천 년 전 옛사람과 벗을 해도 사이가 먼 것이 아니고, 만 리 떨어진 사람과 사귀어도 사이가 먼 것이 아닌 까닭이지.

— 매일 얼굴 보는 이가 꼭 진짜 벗은 아니다.

20 버릴 뻔했던 편지

추운 겨울, 창구멍 막을 종이를 찾으려 상자 속을 뒤지다가 벗들에게 보냈던 쓸데없는 편지 사본들을 찾았다. 50편 정도였는데 어떤 건 글자가 파리 대가리만 했고, 어떤 건 종이가 나비 날개보다도 얇았다. 쓸모없는 것들이긴 하나 한 권으로 베껴 내어 방경각의 동쪽 누각에 보관하기로 한다.

— 쓸모없다니, 전혀 그렇지 않다.

21 아름다운 꿈

꿈에 옛 벗들이 찾아와 말하더구나. 산수 좋은 고을의 원님이 되었는데 왜 우리를 대접하지 않느냐고 투정을 부리더구나. 꿈에서 깨어나 생각해 보았다. 모두 죽은 벗들이었다. 마음이 서글펐다. 그래서 상을 차려 술을 올린 것이다. 예법에 없는 일이기는 하지. 그러나 다만 그렇게 하고 싶어서 한 일이다.

— 나도 가끔씩 꿈에서 벗들을 본다.

燕巖

02

가족

是何道理切不可復如是也日記中傳請一事
闕畧不詳俱可見先君謹慎歸美之意云○高靈
墨及筆先君贈与松園金公及太保文定也金、
以、題主官往用此筆墨豈亦神理湊薄有不偶然
去歟其後李業堂欲倩東來画諸家及前賢筆蹟請於其君先君命曾往請於芝溪
溪公爲之傳抄史傳野乘作一部貽之畧見芝溪稿中
君每論均役法之弊百世不可不罷之故曰此日
知有假如一頃之田有粟千樹公家從以稅之者
之文簿翌年栗不結實而據案杖稅、則自在
田之民語納公家者、至于此三元故民謙元三

22 나의 누님

누님이 시집가던 날이 떠오른다. 새벽에 얼굴을 단장하던 일이 꼭 엊그제 같다. 나는 그때 여덟 살이었다. 말처럼 드러누워 발버둥을 치던 나는 문득 신랑의 말투를 흉내 냈다. 더듬거리면서도 정중하려 애쓰는 내 말투에 누님은 부끄러워했고, 내 이마에 빗을 떨어뜨렸다. 화가 난 나는 울면서 먹물을 분가루에 섞었고, 거울에 침을 뱉었다. 누님은 옥으로 만든 오리 모양 노리개와 금으로 만든 별 모양 노리개를 내게 주며 울음을 그치라고 했다. 지금으로부터 28년 전의 일이다.

강가에 말을 세우고 멀리 바라보았다. 붉은 명정이 휘날리고 돛 그림자가 너울거렸다. 강굽이에 이른 배는 나무에 가려 다시는 보이지 않게 되었다. 강 너머 멀리 보이는 산은 검푸른 것이 누님이 시집가던 날의 쪽 진 머리 같았다. 강물 빛은 누님의 거울이었고, 새벽달은 누님의 고운 눈썹이었다.

눈물을 흘리며 누님이 빗을 떨어뜨렸던 일을 생각했다. 어렸을 적 그 일이 생생히 떠올랐다. 그때에는 즐거움도 많았고 시간도 느리게 흘렀다. 나이 든 뒤로는 근심걱정과 가난이 내 곁을 떠나지 않았다. 그러느라 시간은 꿈결처럼 훌쩍 지나가고 말았다. 아, 남매로 지냈던 날들은 왜 그리도 짧았던 것인지!

— 누님이 죽었는데 그 누님이 시집가던 날 자신이 저질렀던 못된 추억을 떠올린다. 그래서 더 슬프다.

23 나의 형수님

연암 골짜기의 풍경을 좋아한 나는 가시덤불을 직접 베어 내고 나무에 의지해 집을 지었다. 그런 뒤 형수님을 만나 이렇게 말했다.

"우리 형님이 이제 늙었으니 당연히 이 아우와 함께 시골에서 살아야 합니다. 담 주위엔 뽕나무 천 그루를, 집 뒤에는 밤나무 천 그루를, 문 앞에는 배나무 천 그루를, 시냇가에는 복숭아나무와 살구나무 천 그루를 심을 겁니다. 작은 연못에는 어린 물고기를 잔뜩 풀어놓고, 바위 절벽에는 벌통 백 개를 놓고, 울타리 사이에는 소 세 마리를 묶어 둘 겁니다. 제 아내가 길쌈하는 동안 형수님은 여종이 들기름 짜는 것을 지켜보시면 됩니다. 밤에 이 시동생이 옛사람의 글을 읽을 수 있게요."

깊은 병을 앓고 있던 형수님은 자기도 모르게 벌떡 일어나셨다. 머리를 손으로 떠받치고 한 번 웃으며 말씀하셨다.

"그게 내가 오래전부터 바라던 것이랍니다."

그 뒤로 나는 형수님이 오시기를 밤낮으로 간절히 바랐다. 하지만 심어 놓은 곡식이 익기도 전에 형수님은 세상을 떠나셨다.

— 박지원의 가문은 '청렴'을 가훈으로 삼다시피 했다. 그래서 얻은 것은 가난이었다. 박지원의 글에 '돈' 이야기가 유독 많이 나오는 이유다.

24 아이의 질문

네 살짜리 어린 자식은 이제 조금 분별이 생겨서 남을 보고 아버지, 어머니라 부르지 않을 정도는 되었지요. 늘 품에 안고 다니며 입으로 수십 글자를 가르쳐 주었는데 어느 날 갑자기 이렇게 묻더군요. "나는 아버지가 있는데 아버지는 왜 아버지가 없나요? 아버지의 어머니는 어디 있나요? 아버지도 젖을 먹었나요?"

나도 모르게 아이를 무릎에서 밀쳐 버리고 목 놓아 한참 울었답니다.

— 황승원에게 쓴 편지다. 아버지를 잃은 절절한 슬픔이 글에 가득하다.

25 꿈에선 다들 살아있지

부친상을 치른 후로 겉모습은 매미 허물 같고, 멍청하기로는 흙으로 빚은 사람의 형상과 같게 되었습니다. 이승에 잠시 머물며 오직 꿈에만 몰두하고 있답니다. 잠잘 때는 즐겁지만 깨고 나면 슬퍼집니다. 30년 동안 서너 번 이사를 다녔지만 꿈에서 저는 항상 도성 서쪽의 옛집에 머뭅니다. 살구나무, 배나무, 복숭아나무 아래를 노닐고, 참새 새끼, 혹은 매미도 잡고, 나비도 쫓습니다. 꽃이 만발한 동쪽 정원에서는 잘 익은 과일을 따기도 합니다. 할아버지와 할머니도 다 살아 계시고 작은아버지들이며 사촌 형도 옛 모습 그대로였지요. 그러다 꿈에서 깨고 나면 마치 무엇을 잃은 것 같고 쫓아가다가 되돌아온 듯합니다. 다시 볼 것 같으면서도 못 보게 되는 것이지요. 그래서 저는 가슴을 치고 슬피 울면서 꿈에서 깬 것을 후회하고 또 후회한답니다.

26 나의 장인, 나의 스승

사위 박지원은 삼가 술을 올려 장인 유안재(이보천의 호) 이공의 영전에 곡하며 영결을 고합니다. 제 나이 열여섯에 선생의 가문에 사위로 들어와 26년이 지났습니다. 어리석고 우매하여 선생의 도를 제대로 배우지는 못했지만 그래도 좋아하는 사람에게 아부하여 선생을 부끄럽게 만드는 지경에 이르지는 않았다고 생각합니다. 이제 선생이 멀리 떠나시니 어찌 한마디 말로 무궁한 슬픔을 드러내지 않을 수 있겠습니까?

— 이보천은 장인이자 스승이었다.

27 형님의 얼굴

우리 형님 얼굴 수염 누구를 닮았을까
돌아가신 아버지 생각날 때마다 우리 형님 쳐다봤지
이제 형님이 그리울 땐 어디에서 봐야 하나
두건 쓰고 도포 입고 냇물에 비친 내 얼굴을 보아야겠네

— 먼저 죽은 형 박희원을 그리며 쓴 시다. 이덕무는 이 시를 읽고 눈물을 흘렸다고 한다.

28 대놓고 청탁하기

아침에 일어나 보니 처남(이재성)이 보낸 편지가 와 있더군요. 내 고독한 처지를 위로하느라 이렇게 썼습니다. "가족과 함께 사는 신선은 없으니 쓸쓸하다고 투덜대지 마시길. 쓸쓸해야만 비로소 신선을 만나 볼 수 있는 법이랍니다."

이 사람은 이번에 겨우 급제한 늙은 진사입니다. 집안끼리 알고 지내셨을 테니 환한 창 아래에서 글을 쓰면서 손길 가는 대로 말씀드린 겁니다. 훌륭하신 분이 이끌어 주실 때가 바로 지금이 아닌가 합니다.

— 벗이자 우의정인 김이소에게 처남 이재성의 취직을 부탁하는 글. 깐깐한 박지원에게 이런 면도 있었구나 싶다.

29 고추장

고추장을 작은 단지로 하나 보낸다. 사랑에 두고 밥 먹을 때마다 꺼내 먹어라. 내가 직접 담갔다. 아직 다 익지는 않았다.

— 박지원이 안의현감을 지내던 시절 자식들에게 보낸 편지다. 맛은 어땠을까?

30 위대한 손자의 탄생

하인이 기쁜 소식과 함께 돌아왔구나. 아이 우는 소리가 편지에 가득하다. 이보다 더 기쁜 일이 세상에 어디 있겠느냐? 예순 살 노인이 손자랑 노는 것 말고 달리 무엇을 원할까?

— 맏아들 박종의에게 보낸 편지다. 손자의 탄생을 기뻐하는 마음이 종이에 넘친다.

31 버릇없는 자식들

소고기 볶음은 잘 받았느냐? 아침저녁으로 먹고 있느냐? 왜 좋은지 나쁜지 답이 없느냐? 참으로 버릇이 없구나. 참 버릇이 없어.

— 맏아들 박종의에게 보낸 편지다. 박지원은 음식을 가끔씩 만들곤 했던 것 같다. 박제가의 글에는 처음 만났을 때 선생이 직접 밥을 해 주어서 감격했다는 내용도 나온다.

박지원이 그린 국죽도(菊竹圖)

燕巖

03

읽고, 쓰고, 공부하기

作乃使小妓吟於巷中曰有能衣吾房小官禮者
攜笈入金剛山者予應募者數人乃曉發抵樓
過俞申二公皆驚喜過素約焉遍踏表東諸勝
石於萬瀑洞中而歸三日浦四仙亭又有聯句懸板○先君於金
剛之遊有叢石亭觀日出詩一篇洪尚書象漢從
子舍見之驚曰今世能有此筆力乎是不可空
也以湖筆大小共二百枚送門下客致之寄意
焉
禮王妣咸平李氏贈大護軍諱昌遠女先君是

32 부모의 바람

부모의 바람은 자식이 글을 읽는 것이다. 글을 읽으라고 하지도 않았는데 어린 아들이 글을 읽는 것을 보고 기뻐하지 않을 부모는 없다. 아! 그런데 왜 나는 그렇게 읽기를 싫어했을까?

— 나는 또 왜 그렇게 싫어했을까?

33 독서가와 작가

옛사람 중에 글을 잘 읽은 이로는 공명선이 있었고, 옛사람 중에 글을 잘 짓는 이로는 한신이 있었다. 왜 그럴까?

공명선이 증자에게 배울 때의 일이다. 3년 동안이나 글을 읽지 않기에 증자가 그 까닭을 물었다. 공명선의 대답은 이랬다.

"선생님께서 집에 계실 때나 손님을 응접하실 때나 조정에 계실 때를 보면서 그 처신을 배우려고 하였으나 아직 제대로 배우지 못했습니다. 제가 어찌 감히 아무것도 배우지 않으면서 선생님 문하에 머물러 있겠습니까?"

물을 등지고 진을 치는 배수진은 병법에 없다. 여러 장수들이 명령을 따르지 않을 것은 당연한 일이다. 한신은 이렇게 말했다.

"이미 병법에 나와 있는데, 단지 그대들이 제대로 살피지 못한 것뿐이다. 병법에 그러지 않았던가? '죽을 땅에 놓인 뒤라야 살아난다'고."

— 책만 읽는 게 독서는 아니다. 붓으로 써야만 글이 되는 것도 아니다.

34 새로운 책

하늘과 땅이 아무리 오래되었어도 끊임없이 생명을 낳고, 해와 달이 아무리 오래되었어도 그 빛은 날로 새롭다. 세상에 책은 많고도 많지만 그 책들에 담긴 뜻은 각기 다른 법이다.

— 그런데 왜 다들 책을 안 읽을까?

35 지금의 글과 옛글

글은 어떻게 지어야 할까? 반드시 옛것을 본받아야 한다는 이들이 있다. 그래서 세상에는 옛것을 흉내 내고 본뜨면서도 부끄러워하지 않는 사람들이 생겨났다(……)

그렇다면 새로 지으면 되지 않을까? 그래서 세상에는 괴이하고 허황된 글을 지으면서도 두려워하지 않는 사람들이 생겨났다(……)

옛것을 본받아야 한다는 이들은 옛 자취에만 얽매이는 것이, 새로 지으면 된다는 이들은 법도에서 벗어나는 것이 문제이다. 옛것을 본받으면서도 융통성을 가지며, 새로 지으면서도 법도에 맞는 글을 쓴다면, 지금의 글이 바로 옛글과 통하게 되는 것이다.

— 그 유명한 '법고창신(法古創新)'의 논리가 펼쳐지고 있다.

36 글쓰기 전쟁

글을 잘 짓는 사람은 병법에도 능할 것이다. 비유해 볼까? 글자는 군사이고, 글의 뜻은 장군이다. 제목은 적국이고, 오래된 이야기의 인용은 진지를 구축하는 것이다. 글자를 묶어서 구절을 만들고 구절을 모아서 단락을 이루는 것은 대오를 이루어 행군하는 것과 같다. 운(韻)으로 소리를 맞추고 멋진 표현으로 빛을 내는 것은 징과 북을 울리고 깃발을 휘날리는 것과 같다. 앞과 뒤를 어울리게 하는 것은 봉화를 올리는 것이고, 비유는 기병이 기습 공격하는 것이다. 문장에 입체감을 주는 억양반복(抑揚反覆)은 맞붙어 싸워 서로 죽이는 것이고, 제목의 뜻을 밝히고 마무리하는 것은 먼저 성벽에 올라가 적을 사로잡는 것이다. 함축을 귀하게 여기는 것은 늙은이를 사로잡지 않는 것이고, 여운을 남기는 것은 군대를 정돈하여 개선하는 것이다.

— 글쓰기를 전쟁에 비유한 것이다. 처남 이재성이 쓴 책에 붙인 서문이다.

37 글의 맨얼굴

글이란 뜻을 드러내면 그것으로 충분하다. 붓을 쥐고서 갑자기 옛말을 생각하거나, 경전에 나온 그럴듯한 말을 억지로 연결시켜서 근엄하고 엄숙하게 꾸미는 사람은 화가를 불러서 초상화를 그리게 할 때 용모를 싹 고치고서 나서는 이와 다를 바가 없다. 평소와 달리 시선을 아예 움직이지도 않고 주름살 하나 없이 편 옷을 입고 있다면 아무리 훌륭한 화가라도 그이의 참모습을 그리기는 어려울 것이다. 글을 짓는 일 또한 마찬가지이다.

— 읽기는 쉬워도 실행은 어렵다.

38 이명과 코골이

한 아이가 뜰에서 놀다가 제 귀가 갑자기 울리자 몹시 기뻐하며 곁에 있던 벗에게 말했다. “이 소리 좀 들어 봐. 내 귀에서 앵앵 소리가 나. 피리나 생황 부는 소리가 나는데 동글동글한 게 꼭 별과 똑같아!”

벗이 귀를 대 보았으나 아무런 소리도 듣지 못했다. 아이는 안타깝게 소리치며 남이 몰라주는 것을 한스럽게 여겼다.

시골 사람과 한 방을 쓴 일이 있었는데 그 사람은 코를 심하게 골았다. 코 고는 소리가 하도 커서 토하는 것도 같고, 휘파람 부는 것도 같고, 한탄하는 것도 같고, 숨을 크게 내쉬는 것도 같고, 후후 불을 부는 것도 같고, 솥의 물이 끓는 것도 같고, 빈 수레가 덜커덩거리며 구르는 것도 같았다. 들이쉴 땐 톱질하는 소리가 났고, 내뿜을 때는 돼지 우는 소리가 났다. 다른 이가 깨우자 화를 내며 말했다. “난 그런 일이 없소."

홀로 아는 사람은 남이 몰라줄까 봐 근심하고, 자기가 깨닫지 못한 사람은 남이 먼저 깨닫는 것을 싫어하는 법이다. 어찌 코와 귀에만 이런 병이 있겠는가? 문장의 경우는 더 심하다.

— 이덕무의 글에도 비슷한 게 있다.

39 물속의 물고기

물속에서 노니는 물고기는 물을 보지 못하네. 그 이유를 아는가? 보이는 것이 모두 물이라서 물이 없는 거나 마찬가지이기 때문이지. 그런데 지금 낙서(이서구의 자) 자네의 책은 온 방에 가득해 전후좌우에 책 아닌 것이 하나도 없네. 그러니 물고기가 물속에서 노니는 것과 똑같다고 할 수밖에.

— 이서구는 자신의 서재에 소완정이라는 이름을 붙인 뒤 박지원에게 글을 청했다. 열일곱 살 차이가 나는 둘의 우정은 평생 이어진다.

40 글은 내가 쓰는 것

내 보았지, 세상 사람들
남의 글 칭찬하는 것을
문장은 양한(兩漢)을
시는 성당(盛唐)과 비슷하다 말하네
비슷하다? 그건 진짜가 아니라는 뜻이지
한나라, 당나라가 어찌 또 있겠나?(……)
바로 눈앞에 진짜가 있는데
왜 옛날과 비슷해야 할까?
한나라, 당나라는 지금 세상이 아니지
우리 노래 중국과 다르지
반고나 사마천이 다시 태어난대도
나는 결코 그들처럼 쓰지 않으리(……)

— 이덕무를 위해 쓴 시다. 새로운 글을 쓰겠다는 결의가 느껴진다.

41 새가 쓴 문장

저 하늘을 나는 새는 얼마나 생기발랄합니까? 그런데 우리는 새 조(鳥) 한 글자로 적막하게 표현함으로써 색깔을 지우고 소리를 없애 버리지요. 이래서야 마을 가는 시골 늙은이의 지팡이 끝에 새겨진 새 조각과 뭐가 다르겠습니까? 좀 가볍고 맑은 글자로 바꿔 볼까 하여 새 금(禽) 자로 바꾸는 경우가 있는데, 이는 글만 읽고서 문장을 짓는 자들에게 나타나는 병폐입니다.

아침에 일어나니 푸른 나무로 그늘진 뜰에 여름새들이 지저귀고 있더군요. 부채를 들어 책상을 치며 외쳤지요. "이게 바로 내가 말하던 '날아갔다 날아오는' 글자요, '서로 울고 서로 화답하는' 문장이구나. 아름답게 어울린 색깔들을 문장이라고 부르는 것이니 이보다 더 훌륭한 문장은 없으리라. 오늘 나는 진짜 글을 읽었구나!"

42 사마천의 마음

어린아이가 나비 잡는 모습을 보면 사마천의 마음을 알 수 있습니다. 앞다리를 반쯤 꿇고, 뒷다리는 비스듬히 발꿈치를 들고서 두 손가락을 집게 모양으로 만들어 살금살금 다가갑니다. 잡을까 말까 망설이는 사이, 나비는 훨훨 날아가 버립니다. 사방을 둘러봅니다. 아무도 없습니다. 혼자서 씩 웃다가 얼굴을 붉혔다가 화를 냅니다. 이것이 바로 사마천이 사기를 쓸 때의 마음이랍니다.

43 맹자에게 글쓰기를 배우다

맹자가 말씀하셨지요. "성은 같이 쓰는 것이지만 이름은 자기만의 것이다."

그렇다면 이렇게 말할 수 있습니다. "글자는 같이 쓰는 것이지만 문장의 자기만의 것이다."

— 유한준에게 쓴 편지다. 박지원의 둘째 아들 박종채는 이 편지 때문에 박지원과 유한준의 사이가 갈라졌다고 썼다.

44 하늘은 푸른데 문자는 푸르지 않다

나에게 천자문 배우는 아이가 있는데 읽기를 싫어합니다. 그걸 나무랐더니 아이가 이렇게 말합디다. "하늘은 푸르고 푸른데 하늘 천(天) 글자는 왜 푸르지 않습니까? 그래서 싫습니다."

아이의 총명함이 창힐을 기죽일 만합니다.

— 창힐은 새와 짐승의 발자국을 본떠 문자를 만들었다고 전해지는 전설적인 인물이다.

45 책은 빌려주라고 있는 것

그대는 고서를 많이 쌓아 놓기만 하고 절대로 빌려주지 않으니, 어찌 그리 빗나갔습니까? 자손대대로 전하고 싶어서 그러는 겁니까? 천하의 물건이 대대로 전해지지 못하는 것이 이미 오래되었습니다. 요순(堯舜)도 전하지 못하고, 하, 은, 주 세 나라도 지키지 못한 천하를 진시황제가 대대로 지키려 했지요. 그래서 그를 어리석다고 하는 겁니다. 그런데도 그대는 몇 질의 서적을 대대로 지키고자 하니, 어찌 빗나간 짓이 아니겠습니까?

책이란 일정한 주인이 없는 법입니다. 착한 일을 즐기고 공부를 좋아하는 사람이 갖기 마련입니다. 후손들이 어질고 공부를 좋아하면 깊숙이 감춰 놓은 책들도 다 지켜 낼 것입니다. 후손들이 완악하고 게으르면 말하나 마나입니다. 천하도 못 지키는데 무슨 수로 책을 지켜 냅니까? 공자께서는 남에게 말을 빌려주지 않는 것도 슬퍼하셨지요. 그런 마당에 책을 가진 자가 남에게 빌려주지도 않는다면 장차 어쩌자는 말씀입니까?

— 아마도 박지원은 좀 화가 났던 것 같다. 정반대 유형의 인물로 최석정을 들 수 있다. 그는 책에 장서인을 찍지 않았고 빌려줬던 책을 돌려 달라고 채근하지도 않았다.

46 과거에 급제하셨군요!

운이 좋은 것을 말할 때 흔히들 '만의 하나'라고 하지요. 어제 과거가 그랬지요. 응시한 사람은 수만이었지만 급제한 이는 겨우 스무 명이었으니 말입니다.

시험장에 들어갈 때 서로 밟고 밟혀서 죽고 다치는 이들이 수도 없으며, 형제끼리 서로 외치고 부르고 뒤지고 찾곤 하다가, 급기야 서로 만나게 되면 손을 잡고 마치 죽었다 살아난 사람 만난 듯이 여기니, 죽을 확률이 십 분의 구라 할 만합니다.

지금 그대는 십 분의 구의 죽을 확률에서 벗어나 만의 하나뿐인 이름을 얻었습니다. 그래서 나는 그 많은 사람들 속에서 만의 하나뿐인 영광을 얻은 것을 축하하기 전에, 죽을 확률이 십 분의 구인 장소에 다시 들어가지 않아도 되는 것을 먼저 축하할 따름입니다.

— 박지원이 과거 시험 답안지에 그림만 그리고 나온 건 꽤 유명한 이야기다.

47 사람과 매미와 지렁이

자네가 똑똑하고 꾀바르다고 해서 남들에게 잘난 체하거나 생명이 있는 존재를 무시해서는 안 되네. 남들에게 약간의 지혜와 꾀가 있다면 스스로 부끄러워하겠지. 그렇지 않다면 깔보거나 무시하는 게 전혀 의미가 없을 테고. 우리가 뭐 대단한 사람들은 아니라네. 냄새나는 가죽 주머니에 남들보다 문자 몇 개 더 지니고 있을 뿐이지. 나무 위의 매미 소리, 땅속의 지렁이 울음소리가 시를 읊고 책을 읽는 소리가 아니라고 장담할 수 있을까?

48 추위와 더위를 다스리는 독서

사람들은 심한 더위와 모진 추위에 대처하는 방법을 전혀 모르지요. 옷을 벗거나 부채를 휘둘러도 불꽃같은 열을 견뎌 내지 못하면 더욱 덥기만 하고, 화롯불을 쪼이거나 털옷을 껴입어도 차가운 기운을 물리치지 못하면 더욱 떨리기만 하지요. 이것저것 모두가 독서에 마음을 붙이는 것만 못합니다. 결국 자기 가슴속에서 추위와 더위를 일으키지 않아야 하겠지요.

49 말똥과 여의주

말똥구리는 자기가 굴리는 말똥을 사랑하지. 그러므로 용이 가진 여의주를 부러워하지 않는다네. 그럼 용은 어떨까? 용 또한 여의주가 있다고 말똥구리를 비웃지는 않는다네.

자패(유금)가 이 말을 듣고 기뻐하면서 말했다.

"제 시집에 딱 어울리는 말이외다."

그는 시집 이름을 '말똥구슬'로 붙인 후 내게 서문을 부탁했다.

— 우리 시대의 용들은 말똥구리를 밟아 죽이는 재미에 산다.

50 무조건 묻자

학문의 길은 다른 방법이 없다. 모르는 것이 있으면 길 가는 사람이라도 붙들고 물어야 한다. 하인일지라도 나보다 글자 하나라도 더 안다면 우선은 그에게 배워야 한다. 자기가 남만 같지 못하다고 부끄러이 여겨 자기보다 나은 사람에게 묻지 않는다면, 평생 고루하고 어쩔 방법이 없는 지경에 스스로 갇혀 지내게 된다.

— 자신보다 못한, 혹은 그렇다고 여기는 이들에게 묻는 것, 이 또한 말처럼 쉽지는 않다.

51 뭐든 제대로 한다는 것

선비 아닌 자는 없지만 본분을 다하는 이는 거의 없다. 글을 읽지 않는 자는 없지만 제대로 읽는 이는 거의 없다.

52 공부가 늘지 않는 이유

글을 읽어서 크게 써먹기를 구하는 것은 모두 다 사사로운 마음이다. 일 년 내내 글을 읽어도 공부가 늘지 않는 까닭이다.

53 책과 가난

가난한 이가 글 읽기 좋아한다는 말은 들었어도, 부자가 글 읽기 좋아한다는 말은 한 번도 들어 보지 못했다.

54 공부는 적당하게

많이 읽으려 하지도 말고, 빨리 읽으려 하지도 말라. 읽을 양을 정하고 횟수를 잡아 날마다 읽으면 그만이다. 그러면 글의 의미를 깨닫게 되고 글자의 음과 뜻에 익숙해져 자연스럽게 외우게 된다. 그런 후 그 다음을 생각하라.

55 책 읽은 횟수

서산(書算, 글 읽는 횟수를 세는 데 쓰는 물건)을 만들어 읽은 횟수를 기록하는 게 좋다. 읽은 게 마음에 흡족하면 접었던 서산을 펴고, 흡족한 기분이 들지 않으면 서산을 펴지 않는다.

56 탄식의 연속

글을 읽다가 예전에 잘 몰라서 질문을 한 적이 있던 대목을 만나면 탄식한다. 잘 몰라서 의심이 나는 대목을 만나면 탄식한다. 새로 깨닫게 된 것이 있으면 탄식한다.

— 시간이 없어 책을 못 읽고 공부하지 못한다는 건 다 거짓말이다.

57 세계 평화를 위한 조언

천하 사람들이 편안히 앉아 글을 읽을 수 있다면, 천하가 무사할 것이다.

58 늙어서는 어쩌려고

공무를 보는 틈틈이 글을 짓거나 글씨를 썼다. 너희들은 한 해가 다 가도록 무엇을 했느냐? 나는 4년 동안 자치통감강목을 열심히 읽었다. 두세 번 읽기는 했으나 나이 먹은 탓에 책만 덮으면 곧바로 잊어버린다. 골자만 가려서 얇은 책을 한 권 만들었다. 긴요한 건 아니지만 재주를 좀 부려 본 것이지. 너희들이 어영부영 시간을 보내는 걸 생각하면 마음이 몹시 아프다. 벌써부터 그러면 늙어서는 어찌 지내려고 하느냐?

59 출세에 목숨 거는 시시한 선비가 되지 말라

너희 형제는 잘 생각이 나지 않고 마음에 늘 손자만 있으니 참으로 우습구나. 둘째 너는 마음이 넓고 뜻이 큰 사람이 되었으면 좋겠다. 과거 공부에나 목숨을 거는 시시한 선비가 되지 말라는 거다.

60 나라, 그리고 글을 살리는 비법

나라에 충성을 다한 제갈공명은 큰 도가 무엇인지 아는 사람이었다. 문장을 쓰는 법 또한 마찬가지다. 큰 도를 아는 게 중요하다.

61 글쓰기의 어려움

글 쓰는 이에겐 네 가지 어려움이 있다. 근본이 되는 학문을 갖추기 어렵고, 공정하고 밝은 안목을 갖추기 어렵고, 자료를 아우르는 역량을 갖추기 어렵고, 정확한 판단력을 갖추기 어렵다. 재주, 학문, 식견 이 세 가지 중 하나만 없어도 제대로 된 글을 쓸 수 없다고 말하는 이유이다.

62 강물처럼

나는 기억력이 좋지 못하다. 책을 읽다가 덮으면 곧바로 잊어버리지. 한 글자도 머릿속에 남아 있지를 않지. 그러나 제목을 정해 놓고 글을 구상하면 사정이 달라진다. 읽은 내용이 하나둘 떠오르다가 강물처럼 쏟아져 흐른다.

— 부럽다.

63 제대로 공부

공부란 별게 아니다. 하나를 하더라도 분명히 하는 것이다. 집 한 채를 짓더라도 제대로 지으며, 그릇 하나를 만들더라도 제대로 만들며, 물건을 살피더라도 제대로 살피는 것, 이것이 다 공부이다.

燕巖

04

고독, 예술, 시(詩)

君文章之名已喧動一世每有科試主試者必
援引先君微知其意戒不赴試而不呈券一
在場屋漫筆函古松老石一世傳笑其疎迂狀
示其不屑之意者
秋東遊金剛時俞公彥鎬申公光蘊方聯鑣入
戀先君偕行先君爲親在不敢自擅遠遊往謝
別而歸王考問汝何不共往名山有緣年少一
好矣顚無醫纏可帶時金公履中適至聞之譆

64 여름날 밤잔치의 기록1

22일의 일이다. 국옹(성명 미상)과 함께 걸어서 담헌(홍대용의 호)의 집에 이르렀다. 풍무(김억의 호)도 밤에 왔다. 담헌이 가야금을 타니, 풍무는 거문고로 화답하고, 국옹은 맨상투 바람으로 노래를 불렀다. 밤이 깊어졌다. 떠도는 구름이 사방으로 얽혀 더운 기운이 잠깐 물러가자, 줄에서 나는 소리는 더욱 맑게 들렸다. 곁에 있는 사람들은 누구 하나 입을 열지 않았다. 수련을 하는 도사가 마음을 들여다보는 것 같았고, 참선을 하는 승려가 전생을 깨우치는 것 같았다.

— 요즈음은 이렇게 노는 이들이 없다.

65 여름날 밤잔치의 기록2

지난해 여름, 담헌의 집에 간 적이 있었다. 담헌은 악사 연 씨와 거문고를 논하고 있었다. 동쪽 하늘가의 구름이 온통 먹빛인 것이 비가 오기 직전이었다. 천둥소리 한 번이면 비가 쏟아질 것 같았다. 드디어 긴 천둥소리가 하늘을 흔들었다. 담헌이 연 씨에게 물었다. "저 소리는 어느 음에 속할까?"

담헌은 거문고를 당겨 천둥소리에 답을 했다.

66 홀아비처럼, 혹은 광인처럼

6월 어느 날, 낙서(이서구의 자)가 나를 만나고 돌아가 글을 지었다. 그 글 중에 다음과 같은 구절이 있었다. '연암 어른을 방문했다. 사흘을 굶은 연암은 망건도 쓰지 않은 채 창문에 맨발을 올려놓고는 행상 사람과 이야기를 주고받았다.'

연암은 금천 집이 있는 산골짜기의 이름인데 사람들은 나를 그 골짜기 이름으로 불렀다.

한편 식구들은 처가인 광릉에 가 있었다. 나는 본래 몸이 비대하여 더위를 몹시 타는 데다가, 풀과 나무가 무성하여 푹푹 찌고 여름이면 모기와 파리가 들끓고 무논에서는 개구리 울음이 밤낮으로 그치지 않을 것을 걱정했다. 그래서 여름이 되면 서울 집에서 더위를 피하곤 했다. 서울 집은 지대가 낮고 비좁았지만, 모기, 개구리, 초목의 괴로움은 없었다. 여종 하나가 함께 있었다. 그런데 눈병이 나는 바람에 미친 듯이 소리를 지르더니 주인을 버리고 나가 버려서, 밥을 해 줄 사람이 없었다. 행랑 사람에게 밥을 부쳐 먹다 보니 자연히 친숙해졌으며, 저들 역시 내 하인인 양 내가 시키는 일을 잘도 해 댔다.

— 집에서 뒹굴뒹굴하며 혼자 머물고 있는 박지원의 모습이 그림 보듯 생생하다.

67 세상과의 인연을 끊다

고요히 지내노라면 마음속엔 아무 생각도 없었다. 가끔 시골에서 보낸 편지를 받더라도 '평안하다'는 글자만 훑어볼 뿐이었다. 갈수록 게으른 것이 버릇이 되어, 남의 경조사에도 일체 발을 끊어 버렸다. 여러 날 동안 세수도 하지 않았고 열흘 동안 망건도 쓰지 않았다. 손님이 오면 말도 하지 않고 차분하게 앉아 있기만 했다. 어쩌다 땔나무를 파는 자나 참외 파는 자가 지나가면 불러서 효제충신(孝悌忠信)과 예의염치(禮義廉恥)에 대해 수백 마디의 이야기를 나누었다. 사람들이 날더러 세상 물정에 어둡고 얼토당토하지 않은 짓만 골라 하며, 말에 조리가 없어 지겹다고들 했다. 그래도 나는 그만두지 않았다. 집이 있으면서도 손님처럼 지내는 것도 우스우며, 아내가 있으면서도 중처럼 산다고 놀려 대는 이들도 있었다. 그럴수록 내 마음은 더욱 느긋해졌고 마침내는 할 일이 하나도 없는 것을 스스로 만족스럽게 여겼다.

— 오랜 벗이었던 이희천이 비극적인 죽음을 맞은 후의 일로 생각된다.

68 연암협을 소개합니다

이 아우가 산골짜기에서 살려고 마음먹은 지가 벌써 9년이 되었습니다. 물가에서도 잠을 잤고, 바람도 피하지 않고 밥을 지어 먹었습니다. 아무것도 없이 두 주먹만 꽉 쥐었을 뿐이었지요. 마음은 지쳤고 재주는 부족하니 이룬 게 뭐가 있겠습니까? 그저 돌밭 조금에 초가집 하나뿐이지요(……)

집 왼쪽에는 깎아지른 듯한 푸른 벼랑이 병풍처럼 서 있고, 바위틈은 깊숙하니 텅 비어 저절로 동굴을 이루었습니다. 제비가 그 속에 둥지를 쳤으니, 이것이 바로 연암(燕巖, 제비 바위)입니다. 집 앞으로 100여 걸음 되는 곳에 평평한 대(臺)가 있는데, 대는 모두 바위가 겹겹이 쌓여 우뚝 솟은 것으로 시내가 그 밑을 휘감아 도니 이것이 바로 조대(釣臺, 낚시터)입니다. 시내를 거슬러 올라가면 울퉁불퉁한 하얀 바위가 마치 먹줄을 대고 깎은 듯하며, 혹은 잔잔한 호수, 혹은 맑은 못을 이루는데 노는 고기들이 몹시 많지요.

석양이 비치면 그림자가 바위 위까지 어른거리는데 이것이 바로 엄화계(罨畫溪, 채색한 바위)입니다. 산이 휘돌고 물이 겹겹이 감싸 다른 고을과는 사방으로 막혀 있습니다. 큰길로 7,8리를 거닐어야만 비로소 개 짖는 소리와 닭 울음소리를 들을 수 있지요.

— 박지원의 마음속 고향이나 다름없었던 연암협의 모습이다.

69 인삼은 요사스러운 풀

진나라 때 도사 서불이 삼신산(지리산, 금강산, 한라산)에 불사약이 있다고 했으니 이것이 바로 지금의 인삼입니다 (……)

돈 수백 냥을 내어서 인삼을 산에서 캐다가 뒤뜰에서 길렀습니다. 그런데 갑자기 식은땀을 흘리고 열이 나는 병에 걸리는 바람에 그것들을 거의 다 캐 먹었답니다. 향기가 오래 남기는 했으나 맛은 참 쓰더군요. 사실을 말하자면 늘 먹는 당귀나 죽순채만도 못하더군요. 그래도 이것을 잔뜩 먹고 나니 여러 달 쉬지 않고 흐르던 식은땀을 막아 주기는 합디다. 사람을 반드시 살린다고까지는 못 말하겠지만 역시 사람을 현혹하는 요사스러운 풀이 아니겠습니까?

— 값비싼 인삼을 다 먹어 치우고 내심 통쾌해하는 박지원의 모습이 재미있다.

70 매화 하나, 파초 하나

지난가을에 아이와 노비들을 다 보내었더니 관아가 텅 비었습니다. 곁에 둔 것은 관인(官印)을 지키는 어린 하인 하나뿐이었지요. 그런데 이 녀석이 밤이면 밤마다 꿈을 꾸며 잠꼬대를 외쳐 대는 게 아니겠습니까? 한편으로는 한심하고 다른 한편으로는 측은해서 동헌(東軒)을 지키도록 바꾸어 주고, 나 홀로 매화 화분 하나, 파초 화분 하나와 함께 겨울을 났습니다. 옛사람 중에 매화를 아내로 삼은 이가 있었습니다만, 눈 내리는 날 푸른 파초 또한 마음을 터놓는 벗이 될 만하더군요.

— 벗인 김이소에게 보낸 편지다. 박지원의 둘째 아들 박종채는 두 사람이 어린 시절부터 가까웠으며 김이소가 늘 이것저것을 아버지에게 물었다고 썼다.

71 저승과 새벽별

저번 편지에 내게 이렇게 써서 보냈지. "죽은 이들은 저승으로 가 버렸고, 남아 있는 이들은 새벽별처럼 드뭅니다."

그 말엔 너무 깊은 슬픔이 뒤얽혀 있었다네. 어찌 그런 편지를 보내 내 눈에서 눈물이 흐르게 하는 건가?

— 어린 소년 이서구가 전라 감사가 되었다. 편지 또한 어른의 문장이다.

72 이빨

지난가을, 왼쪽 둘째 이가 갑자기 빠졌다네. 오른쪽 셋째 어금니는 안쪽은 빠지고 겉만 간신히 걸려 있어서 마치 마른 나뭇잎이 나뭇가지에 간신히 매달린 꼴이 되었다네. 말하고 숨을 쉬는 사이에도 뒤집힌 채로 들락날락하여 잘그락잘그락 노리개 부딪히는 소리가 희미하게 들리곤 한다네. 이가 빠진 뒤에도 이는 남아 있지만, 남아 있는 이라고 해서 어찌 진실로 내가 소유했다 말할 수 있겠는가?

아침 해가 떴을 때 창가로 가서 빠진 이를 자세히 들여다보았지. 뼈도 아니고, 돌도 아닌 데다 붙어 있는 뿌리가 너무나 얕아서 망치와 끌로 단단히 박을 수 있는 것도 아니더군. 내 온몸의 힘과 원기가 그것들을 단속하고 다스렸던 게지. 그런데 피와 살이 차츰 마르고 내 원기가 허약해지니 예전에 나를 위해 힘을 썼던 것들이 얼음 녹듯이 먼저 무너지고 마는군. 하긴, 천하의 대세가 다 그런 식이지. 이제 이 하나가 빠졌으니 이 또한 어찌하겠나?

— 전라 감사 이서구는 6개월 정도 귀양을 간 적이 있었다. 그때 보낸 편지다. 예순을 눈앞에 둔 박지원의 이가 빠지기 시작했음을 알 수 있다. 기운 또한 함께 빠졌을 것이다.

73 설날 아침

두어 올 검은 수염 갑자기 돋았어도
육 척의 몸은 조금도 커지지 않았지
거울 속의 얼굴은 세월 따라 달라졌어도
철모르는 생각은 지난해 나 그대로

— 박지원은 이 시를 스무 살에 지었다고 다른 편지에서 밝혔다. 참고로 박지원은 시를 잘 쓰지 않았다. 박제가는 박지원의 시를 본 사람은 몇 명 안 될 것이라는 말도 했다.

74 새벽길

까치 한 마리 외로이 수숫대에서 잠들었다
달은 밝고 이슬은 희고 밭의 물은 운다
나무 아래 오두막은 둥근 바위 같고
지붕 위 박꽃은 별처럼 환하다

75 극한

깎아지른 북악산은 높기도 높고
남산의 솔숲은 아예 검은색
말라 시든 나무 위로 송골매 스치고
푸르고 푸른 하늘 위에서 두루미 운다

76 필운대(弼雲臺) 꽃구경

나비들이 꽃을 마구 희롱한다고 나무랄까
사람들이 오히려 꽃과 인연 맺으려 나비 따라 달려가네
아지랑이 뜬 저 너머로 한낮의 봄은 새파랗고
길엔 붉은 먼지 자욱하고 마을은 떠들썩하다
새 울음 각각인 건 제 뜻대로이고
여기저기 꽃이 피어난 건 하늘 뜻대로이지
이름난 정원에 앉아 둘러보니 소년들은 하나 없고
머리 허연 노인들만 작년과 달라져서 더 서글프네

77 매화의 매력

군자의 도는 담박하면서도 싫증이 나지 않고, 간결하면서도 빛이 난다는 말이 있네. 매화에게 딱 맞는 표현이라네. 소철이 도연명의 시를 논하면서 한 말은 또 어떤가. "질박해 보이면서도 화려하고, 여위어 보이면서도 기름지다."

매화에 빗대어 말하면 나는 더 할 말이 없다네.

78 윤회매 사세요!

그대에게 먼저 윤회매 한 가지를 팔아서 값을 정하고 싶소. 가지가 가지답지 못하고, 꽃이 꽃답지 못하고, 꽃술이 꽃술답지 못하고, 꽃술머리가 꽃술머리답지 못하고, 상 위에 두어도 빛을 발하지 않고, 촛불 아래 두어도 성긴 그림자가 생기지 않고, 거문고와 짝했을 때 기이한 흥취를 자아내지 않고, 시를 써도 운치가 생기지 않는 등의 일이 단 하나라도 있다면 영원히 물리쳐도 원망하는 말 한 마디 안 할 거외다.

— 윤회매는 밀랍으로 만든 매화를 말한다. 박지원은 이덕무에게서 윤회매 만드는 법을 배웠고 직접 판매를 시도했다.

79 보기 싫은 기러기

문 앞의 빚쟁이들 기러기처럼 줄을 섰고
방 안의 취한 놈들 고미 꿰미처럼 잠을 자네

당나라의 호걸 시인 이파의 시랍니다. 지금 나는 차가운 방에 외로이 지내고 있습니다. 냉담한 모습은 선경에 든 중 같지요. 다만 문 앞에 기러기처럼 늘어선 놈들의 두 눈깔이 너무도 가증스럽습니다.

— 자신의 매형에게 가난을 탄식하며 보낸 글이다.

80 부탁하는 것, 부탁도 안 했는데 들어주는 것

남에게 부탁하는 것과 남에게 주는 것 가운데 어느 것이 싫으냐고 물으면 모두들 부탁하는 게 싫다고 할 겁니다. 남에게 주는 사람의 마음이 부탁하는 사람의 마음과 같다면 남에게 주는 사람은 단 한 명도 없겠지요. 그런데 지금 나는 부탁하지도 않았는데 후하게 받았습니다. 그대는 그야말로 남에게 주는 것을 즐기는 분이로군요.

— 대호에게 쓴 편지다. 대호, 모두가 바라는 사람이다.

81 꽃의 멋

꽃이란 들쑥날쑥 틀어지고 비스듬한 것이 도리어 정돈된 느낌을 준다. 글자를 구차스레 배열하지 않고도 줄이 저절로 시원스레 곧은 왕희지의 글씨와 비슷하다고나 할까? 노란 꽃, 흰 꽃을 서로 마주 대하게 한다면 곧바로 자연스러운 멋을 잃어버릴 것이다. 담배를 피워 연기로 꽃을 질식시키지 말고, 속인들이 함부로 평론하여 꽃을 기죽이지 말고, 가끔 맑은 물을 살짝 뿜어 주어 꽃의 정신을 안정시키도록 할 것!

— 유한준에게 쓴 편지에도 비슷한 내용이 나온다. 새로 읽어 보니 박지원도 꽃에 관한 글을 참 많이 썼다.

82 무지개

봉상촌에서 하룻밤을 묵고 새벽에 강화로 출발했다. 5리쯤 가니 하늘이 비로소 밝아졌다. 처음에는 한 점 구름, 한 올 아지랑이도 없었다. 해가 겨우 한 자쯤 떠올랐을 때였다. 갑자기 검은 구름 한 점이 일어나 까마귀 머리만큼 해를 가리더니 곧바로 해의 절반을 가렸다. 어두컴컴한 해는 한스러운 듯 근심스러운 듯 얼굴을 찡그리며 편안치 못한 모습을 드러냈다. 그러다가 옆으로 뻗친 햇살이 꼬리별을 이루어 성난 폭포수처럼 꼬리를 아래로 뻗쳤다.

바다 건너 여러 산에는 저마다 작은 구름이 피어올랐고, 서로 조응하여 독기를 내뿜었다. 간혹 번개가 번쩍이며 위용을 떨쳤고 해 아래에서는 우르르 쾅쾅 천둥이 쳤다. 잠시 후 사방이 빈틈없이 캄캄해졌다. 번개가 번쩍였다. 겹겹이 주름진 구름이 수천 개의 꽃가지와 수만 개의 꽃잎처럼 보였다. 옷의 가장자리에 선을 댄 것도 같고, 꽃에 윤곽이 있는 것도 같았는데 옅고 짙음이 다 달랐다. 천둥소리가 하늘을 찢었다. 흑룡이 나올 기세였으나 의외로 비는 그리 심하지 않았다. 멀리 바라보니 연안과 배천 사이에 빗발이 흰 비단처럼 드리워졌다.

말을 재촉해서 10리를 가니 햇빛이 갑자기 비쳤다. 햇빛은 밝고 고와졌고 조금 전 보았던 먹구름은 상서로운 구름으로 바뀌어 오색이 영롱했다. 말 머리 위로 한 길 넘는 기운이 뻗쳤다. 누렇고 탁해서 엉긴 기름 같았다. 그런데 갑자기 청홍색으로 바뀌어 하늘 높이 치솟았다. 문처럼 열고 지나갈 수 있을 것 같았고 다리처럼 건널 수 있을 것 같았다. 말 머리 위에 있을 땐 손에 잡힐 것 같았으나 앞으로 나아갈수록 더욱 멀어져만 갔다. 문수산성에 도착해서 산기슭으로 돌아 나오며 강화의 외성을 바라보았다. 부(江華府)의 외성(外城)을 바라보니, 강을 누빈 백 리 연안에 흰 성가퀴가 반짝였는데 무지개는 여전히 강 가운데에 꽂혀 있었다.

— 비 온 뒤 뜬 무지개가 생생하게 그려진 글이다.

83 꽃이 피고, 지는 것

꽃이 피고 지는 것은 모두 비와 바람 때문이다. 그렇다면 바람과 비는 꽃의 조맹이다. 필운동에서 살구꽃을 구경할 때는 몰랐을 것이다. 열흘도 넘지 않아 도화동 골짜기의 복사꽃이 만발할 줄을.

— 조맹은 진(晉)나라 사람으로 사람들에게 벼슬을 줬다 빼앗기로 유명했다.

84 눈물과 정

나는 매번 모르겠네, 소리란 똑같이 입에서 나오는 것, 그런데 즐거우면 왜 웃음이 되고 슬프면 왜 울음이 되는지. 어쩌면 웃고 우는 이 두 가지는 억지로는 안 되고 감정이 극에 달할 때 저절로 우러나는 것이 아닌지.

나는 모르겠네, 정은 어떤 모양이기에 생각만 하면 코끝을 시리게 하는지. 또한 모르겠네, 눈물이란 무슨 물인데 울기만 하면 눈에서 흐르는지.

배워야 울 수 있다면 난 부끄러워 소리도 못 내겠지. 이제 알았네, 눈물은 배울 수 없다는 것을.

85 나 또한 조물주

사흘 낮 계속 비 내리는 바람에 번성했던 필운동의 살구꽃은 다 떨어져 붉은 진흙으로 변했네. 이렇게 될 줄 알았던들, 왜 서로 날을 하루 잡아 놀지 않았는가 모르겠네. 긴긴날 무료히 앉아 홀로 쌍륙(雙六)을 즐기고 있네. 오른손은 갑이 되고 왼손은 을이 되어, 다섯, 백을 부르면 나와 남의 구분이 생겨 승부에 마음을 쏟게 되고, 더 나아가 번갈아 가며 한쪽을 적으로 삼게 되니 이거야 원, 내 두 손에 대해서도 역시 편애하는 바가 있단 말인가? 두 손이 이미 이쪽과 저쪽으로 나뉘었으니 하나하나를 어엿한 존재라 부를 수도 있겠지. 내 손에 관한한 나는 조물주나 마찬가지일 테고. 그런데도 사심을 이기지 못하고 어느 한쪽을 편들거나 냉대함이 이와 같다네. 이번 비에 살구꽃은 떨어졌지만 복사꽃은 아직 한창일세. 혹시 저 위대한 조물주께서 복사꽃을 편들고 살구꽃을 무시하는 것 또한 사심이 있어서 그런 걸까?

— 박남수에게 쓴 편지다. 박남수는 촛불로 『열하일기』를 태우려다 미수에 그친 사건을 일으킨 바 있다. 믿었던 친척이자 후배였기에 박지원은 꽤 놀랐을 것이다.

86 산과 강

느린 수레에 몸 맡기고
한탄하며 소나무 숲을 나온다.
무성한 산은 잊을 수 있겠지.
푸른 강은 어이할까나?

87 세끼 밥, 그리고 잠

세끼 밥, 잘 먹고 있지. 세끼 잠, 잘 자고 있지.

— 자식들에게 보낸 편지다. 박지원의 한적한 관리 생활이 느껴지는 글이다

88 요란한 밤비, 더 요란한 벌레

밤비, 참 요란하더군요. 부견이 채찍으로 강물을 내리치는 것처럼 내려서 밤새 잠을 설쳤답니다. 이는 또 어찌나 들끓는지. 큰 소리 내지르며 미쳐 날뛸 뻔했답니다. 그대는 이런 우환을 겪지 않았습니까? 편지 보내며 한 번 웃습니다.

89 내가 제일 좋아하는 일

내가 제일 좋아하는 일이 뭔지 아느냐? 마음에 드는 글을 새로 지었을 때 뜻 맞는 이들과 술잔을 기울이는 것, 글 잘 읽는 청년에게 글을 읽게 하고는 누워서 감상을 듣는 것, 바로 그것들이다.

— 소박하다. 아름답다.

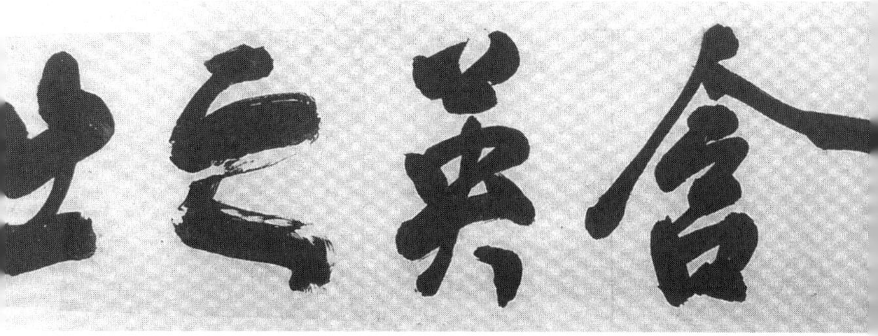

박지원이 쓴 편액글씨

燕巖

05

세상을 사는 지혜,
방법, 혹은 깨달음

貝人時議屬我章簡公送人亦意公謝病不應宜
既去公歎曰王張此論未見其害後乎先輩先見已
如此矣大抵為法之初只嘗觀其上下之損益以
定其法之善不善均役之法外似損上而益下其
實損下掊克罔民漁利之政莫此為甚可見立法
者之心術回互變也
論戶布口錢之不可不納曰嗣毫之民以至鄉
豪富強大〻族游手游食一毫不納其身役之也

90 꽃과 열매

군자는 왜 화려한 꽃을 싫어할까? 꽃이 크다고 반드시 열매가 실하게 맺히란 법은 없다. 모란과 작약이 그렇다. 열매 좋은 모과의 꽃은 목련만 못하고, 좋은 꽃에서 맺힌 연밥은 대추나 밤만 못하다. 박꽃은 더욱 보잘것없고 초라하여 봄철을 아름답게 만들지도 못한다. 그러나 그 넝쿨은 멀고도 길게 뻗어 가고, 박 한 덩이의 크기는 여덟 식구를 먹일 만하고, 한 바가지의 박씨는 백 이랑의 밭을 잎으로 뒤덮을 만하다. 박을 타서 그릇을 만들면 두어 말의 곡식은 너끈히 담을 수 있다. 그러니 꽃과 열매가 도대체 무슨 상관이 있단 말인가.

— 이박재(자후는 이박재의 자)는 마흔여섯에 아들을 얻었다. 마흔여섯치고는 무척 늙어 보여서 주위의 걱정이 많았던 모양이다. 박지원은 꽃과 열매의 비유를 통해 이박재의 아들이 훌륭하게 자라기를 바라고 있다.

91 조식과 성제원, 해인사에서 만나다

예전에 조식이 지리산으로 돌아가는 길에 보은에 사는 성운을 방문했지요. 고을 원님 성제원도 함께했는데 조식과는 초면이었답니다. 조식이 그를 놀리며 말했지요.

"형은 원님 자리를 오래도 해먹으시는군요."

성제원은 성운을 가리키고 웃으며 사과의 말을 했다.

"이 늙은이가 붙들어서 그렇게 되었지요. 그렇긴 하나 금년 팔월 보름에는 해인사에서 달이나 구경할 작정입니다. 그때 형은 오실 수 있겠소?"

조식은 그러겠다고 대답했지요. 마침내 약속한 날이 되었습니다. 소를 타고 가던 조식은 도중에 큰 비를 만났습니다. 간신히 시내를 건너 절 문에 들어서는데 성제원은 벌써 누각에 올라 도롱이를 벗고 있었답니다.

조식은 처사였고, 성제원은 관직을 떠난 사람이었지요. 하지만 그들이 밤새 나눈 건 백성들 살림살이에 관한 이야기였다지요. 해인사의 중들은 지금까지도 이 일을 산중의 아름다운 옛이야기로 전하고 있답니다.

— 술자리의 약속도 목숨 걸고 지키는 세상이 그립다.

92 펠리컨과 앨버트로스

도랑이나 늪에서 물고기를 잡아먹는 새의 이름은 도하(淘河, 펠리컨)이다. 물고기를 찾느라 부리로 진흙과 뻘을 쪼고, 부평과 마름을 더듬는다. 깃털과 발톱과 부리가 더러운 것을 뒤집어써도 부끄러워하지 않으며, 마치 잃은 것이 있는 것처럼 허둥대며 찾지만 하루 종일 고기 한 마리도 잡지 못한다.

청장(青莊, 앨버트로스)이라는 새는 맑고 깨끗한 연못에 서 있다. 편안히 날개를 접고 자리를 옮겨 다니지 않는다. 그 모습은 게으른 듯하고 그 표정은 망연자실한 듯하며, 노래를 듣고 있는 듯 가만히 서 있고 문을 지키고 있는 듯 꼼짝도 하지 않는다. 돌아다니던 물고기가 앞에 이르면 그제야 고개를 숙여 잡는다.

그러므로 청장은 한가로우면서도 항상 배가 부르며, 도하는 고생하면서도 항상 배가 고프다. 옛사람은 이들을 예로 들어 세상의 부귀와 명예와 이익을 구하는 것에 비유하고, 청장을 신천옹(信天翁, 하늘에 운명을 맡긴 노인)이라 불렀다.

— 이풍을 위해 쓴 글이다. 이덕무가 청장관이라는 호를 쓴 이유도 알 수 있다.

93 하늘의 뜻

어리석은 사람은 무너질 듯한 높은 담장 밑에서 운명을 기다린다. 혹은 멍하니 하늘을 보면서 곡식을 바란다. 조급한 사람은 오늘 한 가지 착한 일을 행하면 좋은 운명이 내리기를 바란다. 혹은 내일 한 가지 착한 말을 하면 상대방이 당장 보답을 주리라 여긴다. 그래서야 하늘도 그 수고로움을 견디지 못할 것이며, 착한 일을 하는 자도 금방 지쳐서 물러나고 말 것이다.

— 그래도 나는 하늘이 착한 사람에겐 보답해 주기를 바란다.

94 몸을 보존하는 법

나는 그대의 몸을 그대의 귀나 눈에 넣을 수 있지. 천지가 크고 사해가 넓다지만 눈과 귀의 구멍보다 더 넉넉할 수는 없거든. 어떤가? 눈과 귀에 숨는 방법을 알려 줄까?

다른 이들과 만날 때 올바른 행도를 하는 방법을 예법이라고 한다네. 그대가 그대 몸을 이기기를 마치 큰 적을 막아 내듯 하여, 예법에 따라 절제하고 예법을 본받으며 예법에 맞지 않는 것을 듣지 않으려 한다면 그대는 귀에 숨을 수 있네. 예법에 맞지 않는 것을 보지 않는다면 그대는 남들 눈초리에 걸려들지 않을 테고, 예법에 맞지 않는 것을 말하지 않는다면 구설수에 오르지도 않을 것이네. 귀와 눈과 입도 그런데 하물며 마음은 어떻겠는가? 예법에 맞지 않는 것으로 마음이 흔들리지 않는다면 그대의 온몸은 마음에서 벗어날 일이 없지. 그러니 어디를 가든 몸이 보존되겠지.

— 술을 좋아했던 장중거는 실수를 꽤 자주 했던 것 같다. 괴로워한 나머지 집에 틀어박히기로 한다. 박지원은 마음을 보존하는 것이야말로 몸을 보존하는 것이라고 그를 설득한다.

95 길과 마음

아마도 자네는 갓을 바르게 쓰고 옷매무새를 가다듬고 허리띠를 매고 신발 끈을 묶은 뒤에 대문을 나섰겠지. 이 중 한 가지라도 갖추어지지 않았으면 대문을 나서려 하지 않았겠지. 아마도 자네는 으슥하고 험한 길을 피하고 여러 사람들이 함께 다니는 길을 골라서 왔겠지. 이런 것을 두고 '알기 어렵지 않다'고 말들을 하지. 이번엔 가시밭길을 헤치고 논밭 길을 가로질러 온 이를 생각해 보세. 그러다가 갓이 걸리고 신발이 찢어졌으며 때론 넘어진 사람, 요행히 넘어지지 않았더라도 땀을 뻘뻘 흘리며 온 사람을 어떻게 여기겠나? 아마도 자네는 길을 잃은 사람이라 하겠지. 그럼 하나 더 묻겠네. 걸어가는 것은 똑같은데 어떤 이들이 길에서 헤매는 이유는 뭘까? 아마도 자네는 지름길을 택해 빨리 가고자 했기 때문에, 혹은 험한 길에서 요행수를 바랐기 때문에, 혹은 길 가르쳐 준 사람의 말을 제대로 이해하지 못했기 때문에 그렇게 된 거라고 답하겠지.

나는 이렇게 말하겠네. 그 사람들은 길을 가다가 잘못된 길에 접어든 게 아니네. 대문을 나서기 전에 이미 삿된 마음이 앞섰던 게지.

— 문제를 일으키는 건 길이 아니라 내 마음이라는, 자명한 사실.

96 군자와 소인

대은암 앞으로는 남곤의 집이 있었다. 남곤과 어울려 놀던 박은은 온 나라에 이름난 선비였다. 박은은 꼭 대은암에서 술을 마셨고, 남곤과 함께 시를 지었다(……)

박은은 연산군에게 옳은 말을 하다가 죽었다. 그가 지은 시가 적은 것은 아니다. 그럼에도 사람들은 그의 시가 적다고 한탄을 한다. 지금도 그의 시를 읽어 보면 늠름하여 뜻이 굳세어진다. 남곤은 사화를 일으켜 선비들을 죽게 만들었다. 남곤은 죽기 전에 자신의 글을 태우면서 후세에 전한들 누가 보겠는가, 하는 말을 남겼다.

문장이나 특별한 우정도 따지고 보면 그리 중요한 일은 아니다. 그 사람의 어질거나 간악함과는 별 관계가 없다는 뜻이다. 그럼에도 그이가 군자일 경우 사람들은 그의 글이 많이 남지 않았음을 한탄한다. 소인의 경우는 어떨까? 자기 손으로 글을 없애기에도 바쁜 판이었는데 다른 사람들은 어떤 태도를 취하겠는가?

— 살아서 영화를 누렸던 건 남곤이었다. 그러나 후인들에게 남곤은 소인일 뿐이었다.

97 방 안에서 물건 찾기

자네는 혹시 방 안에서 물건 찾는 사람을 본 적이 있는가? 앞을 보면 뒤를 못 보고, 왼쪽을 보면 오른쪽을 못 본다네. 방 안에 앉아 있기 때문이지. 몸과 물건이 서로를 가리고 눈과 대상이 지나치게 가깝기 때문이지. 그럴 때는 방 바깥으로 나가야 한다네. 창호지에 구멍을 뚫은 후 그 구멍에 눈을 대고 방을 들여다보아야 하는 것이라네.

98 쓸모 있는 그릇

오래된 그릇을 3년 동안이나 팔지 못한 사람이 있었다. 그릇의 재질은 투박한 돌이었다. 술잔이라기에는 겉이 틀어지고 안으로 말려들었으며, 기름때가 광택을 가렸다. 온 나라를 다 돌아다녀도 눈여겨보는 이가 없었다. 부귀한 집안을 다 찾아다녔지만 그럴수록 값은 더욱 떨어져 수백 푼 밖에는 못 받게 되었다. 하루는 누군가가 이 물건을 서군여오(서상수의 자)에게 보였다. 여오가 말했다. "붓 씻는 그릇이군. 중국 복주의 오화석갱(五花石坑)에서 나는 것이지. 옥에 버금가니 옥돌과 다를 바가 없지."

그는 값도 묻지 않고 그 자리에서 팔천 푼을 내주었다. 여오가 때를 긁어내자 투박해 보였던 물건은 꽃무늬와 푸른빛을 드러냈다. 틀어지고 말려들었던 모양은 시들면서 잎이 말린 가을 연꽃이었다. 그 후 이 그릇은 나라의 보물이 되었다.

여오가 말했다. "천하의 물건치고 하나의 그릇 아닌 것이 어디 있겠는가. 쓰일 곳에 쓰이는 것, 그게 중요한 것이지."

— 그릇에 대한 이야기이지만 재주가 있음에도 쓰이지 못하는 서상수에 대한 이야기이기도 하다.

99 아이들도 부러워하지 않습니다!

창문 밖에 수레와 말을 타고 지나가는 자가 하루에도 수십 명입니다. 하인들의 발소리가 우레와 같아 지붕 모퉁이가 무너질 지경이랍니다. 처음 이사 왔을 때에는 아이가 무척 신기하게 여기더군요. 책을 읽다가도 걷어치우고, 먹던 밥도 내뱉고는 허둥지둥 나가 구경하더니만, 이제는 잘 안 나갑니다. 길에서 노는 동네 아이들도 그런 것 정도는 아무렇지도 않게 여기고요. 어진 사람과 어리석은 사람을 분별하지 못하고 단지 날마다 보아 온 까닭이지요.

이런 걸로 짐작해 보면, 몇 자쯤 되는 외바퀴 수레에 몸을 싣고 하인들의 입을 빌려 큰 소리 치는 정도로는 길에서 노는 아이들의 부러움을 사지는 못 한다는 것을 알 수 있답니다. 그런데도 잔뜩 거드름을 부려 목을 석 자나 뽑고 기세가 산처럼 솟구치는 듯 행동들을 하고 있으니 도대체 그 모습을 뭐라 평해야 하겠습니까?

— 유언호에게 쓴 편지다. 연안협에 은거해 있던 박지원을 물심양면으로 지원해 준 이가 바로 유언호였다.

100 몸과의 전쟁

지혜와 덕을 갖춘 이들도 그저 제 한 몸 다스릴 뿐이었지요. 그런데 그분들에게도 그건 쉽지 않은 일이었나 봅니다. 자기 몸 다스리는 게 얼마나 힘들었으면 큰 도적이나 큰 악당처럼 여겨서 극기복례(克己復禮), 즉 이길 극(克) 자까지 썼겠습니까? 극이라는 글자는 백방으로 성을 공격해 기필코 이기겠다는 것과 같은 뜻입니다.

101 살아있다는 건 뜻밖의 행운

사람이 살아있다는 건 뜻밖의 행운이라 할 만하다. 그렇다고 사람이 쉽게 죽는 것 또한 아니다. 왜 그럴까? 우리는 하루 동안에도 여러 번 죽을 위험에 노출되고 수없이 많은 재난을 만난다. 다만 그런 일들이 간발의 차이로 스쳐 가거나 짧은 순간에 지나가 버리기 때문에, 민첩한 귀와 눈, 막아 주는 손과 발이 있기 때문에 미처 깨닫지 못하는 것일 뿐이다. 그런 까닭에 사람들은 편안하게 생각하고 안심하며 행동한다. 무슨 일이 일어나지 않을까 밤새 고민하지 않는다는 뜻이다. 그렇지 않다면, 뜻하지 않은 사고를 당할까 늘 염려하고 살아야 한다면 어떻게 될까? 하루 종일 문을 닫고 눈을 가리고 앉아 있어도 그 근심과 불안과 걱정을 감당할 수 없을 것이다.

— 박제가의 처남 이한주는(몽직은 이한주의 자) 남산에서 활쏘기 연습을 하다가 잘못 날아온 화살에 맞아 비명횡사했다.

102 죽은 사람과 산 사람의 슬픔

죽은 사람이 죽음의 슬픔을 모르는 것, 산 사람이 죽은 자가 그의 죽음이 슬퍼할 만함을 모른다는 것을 아는 것, 둘 중 어느 것이 더 슬플까?

어떤 이는 말한다. "죽은 사람이 더 슬프지. 죽은 사람은 자신의 죽음이 슬퍼할 만한 것을 모를 뿐 아니라, 산 사람이 그의 죽음이 슬퍼할 만한 일임을 슬퍼한 줄을 모르니, 이야말로 슬퍼할 만한 일이지."

어떤 이는 말한다. "산 사람이 더 슬프지. 죽은 사람은 이미 아무것도 몰라 슬퍼할 만한 것을 슬퍼함도 없지만, 산 사람은 날마다 그를 생각하고 또 생각하지. 생각하면 생각할수록 슬퍼서, 차라리 빨리 죽어 아무것도 모르게 되기를 바라니, 이야말로 슬퍼할 만한 일이지."

— 박지원은 어느 쪽 편을 들었을까?

103 대장부의 조건

힘으로써 남을 돕는 것을 협(俠)이라 하고, 재물로써 남에게 은혜를 베푸는 것을 고(顧)라고 합니다. 고를 갖추면 이름난 사람이 될 것이고, 협만 갖추어도 그 이름이 후세에 전해질 테지요. 협과 고를 겸하면 의(義)라고 합니다. 그런 사람이 있다면 어찌 대장부가 아니겠습니까?

104 너무 적은 돈

사준에게 돈 백 냥을 주면서 장사를 하라고 했습니까? 어찌 그리 적게 주었습니까? 결국 사준은 빈손이 되어 돌아올 것입니다. 그때 가서 왜 나더러 미리 말해 주지 않았느냐고 투덜대지는 마세요.

— 중일에게 쓴 편지다. 마음 씀씀이가 컸던 사람 같지는 않다.

105 다른 이의 권세

아이들 노래에 이런 게 있습니다. "도끼를 휘둘러 허공을 치는 것이 바늘로 눈동자를 겨누는 것만 못하다."

속담에는 이런 게 있습니다. "정승부터 사귀려 들지 말고 네 몸가짐부터 신중히 하라."

그대는 아무쪼록 명심하십시오. 약하면서도 굳센 편이 낫지 겉으로만 용감하고 뒤가 물러서는 안 됩니다. 하물며 다른 이의 권세를 빌리다니, 그런 건 믿을 수 없는 게 아니겠습니까?

— 중일은 권세에도 꽤 의지했던 모양이다.

106 집으로 돌아가는 방법

화담(서경덕의 호)이 밖에 나갔다가 제 집을 못 찾고 우는 사람을 만나 물었습니다. "너는 왜 우느냐?"

그 사람이 이렇게 대답했습니다. "다섯 살 적에 눈이 멀어 20년을 지냈습니다. 아침에 집을 나서고 보니 갑자기 천지 만물이 환하게 보이는 게 아니겠습니까? 기뻐서 집으로 돌아가려고 했지요. 그런데 갈림길은 많고 집들은 다 비슷비슷해서 도무지 제 집을 알아볼 방법이 없습니다."

선생은 이렇게 말해 주었지요. "내가 너에게 돌아갈 방법을 가르쳐 주마. 네 눈을 도로 감으면 네 집이 보이리라."

— 유한준에게 쓴 편지다. 화담의 이야기는 꽤 유명한가 보다. 이용휴의 글에도 나온다.

107 귓속말

귓속말은 처음부터 듣지 말아야 합니다. 절대 남에게 이야기하지 말라고 하면서 하는 말은 처음부터 해서는 안 될 말이었습니다. 남이 알까 두려운 이야기를 왜 말하고 왜 듣는답니까? 이미 말을 해 놓고 남에게 이야기하지 말라고 하는 건 상대를 의심하는 것이고, 의심하면서도 말하는 건 지혜롭지 못한 일입니다.

108 당신다운 것

아버지는 아버지답고, 자식은 자식답고, 형은 형답고, 동생은 동생답고, 남편은 남편답고, 아내는 아내답고, 어른은 어른답고, 아이는 아이답고, 사내종은 사내종답고, 여자종은 여자종다워야 합니다.

109 쓸모에 대해

어려운 시절에 사람을 사귈 때는 말이 간략하고 기운이 차분하고 성품이 소박하고 뜻이 검약한가를 살펴야 합니다. 꿍꿍이를 품었거나 허황된 뜻을 품은 사람은 절대 사귀어서는 안 될 이들입니다. 세상에서 쓸모 있다는 말을 듣는 사람은 실제로는 쓸모없는 사람이며, 세상에서 쓸모없다는 말을 듣는 사람은 실은 쓸모 있는 사람이지요.

— 장자의 느낌이 난다. 박지원은 장자를 꽤 열심히 읽었던 것으로 알려져 있다.

110 고라니, 파리, 개미, 코끼리

자연 속에서 한적하게 지내는 이야기를 하다가 스스로를 고라니에 비유하게 되었지요. 고라니가 사람을 보고 잘 놀라기 때문에 그리 말한 것이지 잘난 척하려고 한 말이 아니랍니다. 그런데 지금 그대의 편지를 보니 그대는 스스로를 명마의 꼬리에 붙은 파리에 비유했군요. 왜 그리 작은 것을 골랐답니까? 사실 작게 되기를 정말로 원했다면 파리도 오히려 크답니다. 차라리 개미는 어떻습니까?(……)

고라니가 파리보다는 큰 건 사실이지요. 하지만 코끼리에 비하면 어떻습니까? 파리가 고라니보다 작은 건 사실이지요. 하지만 개미에 비하면 어떻습니까?(……)

아무리 눈이 좋은 사람이라도 백 리 밖에서 본다면 어둡고 가물가물해서 아무것도 보이지 않을 겁니다. 고라니와 파리, 개미와 코끼리를 무슨 수로 구별하겠습니까?

— 다툼은 지나치게 가까운 곳에서 보기 때문에 생기는 법이다. 한 발 물러나면 모든 게 달리 보인다.

111 믿음

그의 말이 터무니없이 거짓되어 믿을 수 없다는 것은 압니다. 하지만 무조건 거짓말이라 단정하지 말고 일단 믿을 만한 말이라고 인정해 주는 것이 어떻겠습니까? 비유하자면 거짓말쟁이가 꿈 얘기 하는 것과 같겠지요. 참이라고 믿어 줄 수도 없지만 그렇다고 거짓이라고 결론 내릴 수도 없다는 뜻입니다. 왜냐고요? 다른 사람의 꿈속이라 달려 들어가 볼 방법도 없으니 말입니다.

112 장님, 그리고 밤길

자무(子務, 이덕무)와 자혜(子惠, 유득공)가 밖에 놀러 나갔다가 비단옷을 입은 장님을 보았다. 자혜가 서글피 한숨지으며 말했다. "아, 자기 몸에 걸치고 있으면서도 자기 눈으로 볼 수는 없구나."

자무가 물었다. "비단옷 입고 밤길을 걷는 사람과 비교하면 어느 편이 더 나을까?"

둘은 청허선생에게 가서 물었다. 선생이 손을 내저으며 대답했다. "난들 알겠나? 나도 몰라."

— 내가 나를 못 보는 것, 남이 나를 알아주지 않는 것, 둘 다 슬프다.

113 황희 정승

옛날에 황희 정승이 공무를 마치고 돌아오자 그 딸이 맞이하며 물었지. "아버지, 이를 아시지요? 이는 어디서 생기는 것입니까? 옷에서 생기지요?"

"그렇단다."

딸이 웃으며 말했지. "내가 이겼다."

이번엔 며느리가 물었지. "아버님, 이는 살에서 생기는 게 아닙니까?"

"그렇고말고."

며느리가 웃으며 말했지. "아버님께서 제가 옳다 하시네요."

이 광경을 보고 있던 부인이 화를 내며 말했지. "누가 대감더러 슬기롭다고 합니까? 옳고 그름을 다투는데 두 쪽을 다 옳다 하시니."

정승이 빙그레 웃으며 말했지. "너희 둘 다 이리 오너라. 무릇 이라는 벌레는 살이 아니면 생기지 않고, 옷이 아니면 붙어 있지 못하는 법, 그래서 두 말이 다 옳다는 거다. 그러나 장롱 속의 옷에도 이가 있고, 너희들이 옷을 안 입고 있어도 가려울 때가 있으니 이걸로 보면 이라는 벌레는 땀내 나는 살과 풀 기운 가득 한 옷, 이 둘을 떠난 것도 아니고 붙어 있지도 않은, 그러니까 옷과 살의 중간에서 생기는 것이지."

— 황희 정승다운 이야기다. 박지원 특유의 '사이' 이론도 읽을 수 있다.

114 무지갯빛 까마귀

저 까마귀를 보라. 까마귀 깃털보다 더 검은 것은 없지만 홀연 연한 금빛이 번지기도 하고 다시 진한 녹색 빛을 반짝이기도 한다. 해가 비추면 자줏빛으로 바뀌어 눈을 어른거리게 하다가 다시 비췻빛으로 바뀐다. 그렇다면 나는 이 새를 '푸른 까마귀', 혹은 '붉은 까마귀'라 불러도 될 것이다. 새에게는 본래 일정한 빛깔이 없었다. 내가 눈으로써 먼저 그 빛깔을 정한 것이다. 어찌 눈으로만 그랬을까? 보지도 않고 마음으로 먼저 정한 것이다.

115 속인의 생각

통달한 사람에겐 괴이한 것이 없으나, 속인에겐 의심스러운 것이 참으로 많다. 본 것이 적으면 괴이하게 여기는 것이 많다는 말이 나온 까닭이다. 통달한 사람이라고 어찌 사물들을 다 찾아 눈으로 확인했겠는가? 한 가지를 들으면 열 가지를 그려 보고, 열 가지를 보면, 백 가지를 상상했을 뿐이다(……) 본 것이 적은 이들은 해오라기를 기준 삼아 까마귀를 검다고 비웃고, 오리를 기준 삼아 두루미 다리가 길어서 위태롭다고 한다. 사물 자체는 괴이할 것이 하나 없는데 자기 혼자 화를 내며 단 하나라도 자기 생각과 일치하지 않으면 만물을 의심한다.

116 관우가 무섭다고?

남산 우사단(雩祀壇, 기우제를 지내던 단) 아래 도저동에는 푸른 기와로 이은 사당이 있다. 그 안에는 얼굴이 붉고 수염을 길게 드리운 이가 모셔져 있는데 영락없는 관운장이다. 학질을 앓는 이들을 그 좌상 밑에 들여보내면 넋이 나가 추위에 떠는 증세가 달아나고 만다. 어린아이들은 다르다. 아이들은 그 위엄스러운 관운장을 전혀 무서워하지 않고 무례한 짓을 해 댄다. 아이들이 눈동자를 후벼도 관운장은 눈을 깜짝이지 않고 코를 쑤셔도 재채기를 하지 않기 때문이다. 아이들에겐 그저 덩그러니 앉아 있는 흙 인형에 지나지 않는 것이다.

그러므로 수박을 겉만 핥고 후추를 통째로 삼키는 자와는 그 맛을 논할 수가 없으며, 이웃 사람의 담비 갖옷을 부러워하여 한여름에 빌려 입는 자와는 계절을 말할 수가 없는 법이다. 관운장의 가짜 상에다 아무리 옷을 입히고 관을 씌워 놓아도 진솔한 어린아이를 속일 수는 없다.

— '동심설'을 쓴 건 명나라의 이탁오다. 박지원, 이덕무 등은 이탁오에게서 많은 영향을 받았다.

117 사이비

사람들은 왜 비슷하게 되고자 애를 쓰는 것일까? 아무리 비슷해도 진짜는 아닌데. 서로 같은 것을 말할 때 '꼭 닮았다'고 하고, 분별하기 어려운 것을 말할 때 '진짜에 가깝다'고 한다. 꼭 닮았건, 진짜에 가깝건 이미 그 속에는 가짜와 다름의 뜻이 들어 있는 것이다.

— 이서구를 위해 쓴 글이다. 사이비, 그건 결국 가짜이고 사기일 뿐이다.

118 모순

석수장이가 각수장이에게 이렇게 말했다. "천하의 물건 가운데 돌보다 단단한 것은 없어. 나는 그 돌을 베어 내고 자르고 깎아서 용머리 장식과 거북 받침 비석을 만들지. 무덤 앞에 비석이 영원히 서 있는 건 바로 나의 공이지."

각수장이가 반박했다. "오래도록 닳아 없어지지 않기로는 돌에다 글자 새기는 게 최고라네. 어떤 훌륭한 이가 위대한 인물의 훌륭한 행적을 기록한 글을 지어 놓으면 뭐하나? 내 공이 없으면 그 비석을 뭐에 쓰겠나?"

한참을 다투던 둘은 무덤에게 시비를 가려 달라고 부탁했다. 그러나 무덤은 침묵을 지켰다. 세 번을 불렀는데 아무 대답도 없었다. 옆에 있던 문무석이 껄껄 웃으며 말했다. "한쪽은 세상에서 돌이 가장 단단하다고 하고, 또 한쪽은 그 돌에 글자를 새기는 게 가장 오래간다고 하는군. 그런데 말일세, 돌이 그렇게 단단하다면 어떻게 비석을 만들 수 있을까? 새긴 것이 닳아 없어지지 않는다면 도대체 어떻게 새길 수가 있을까? 어차피 깎고 새길 수 있는 것이라면 부엌을 만드는 사람이 가져다가 솥을 앉히는 이맛돌로 쓰지 않으리라 어찌 장담하겠는가 이 말이야."

— 유득공을 위해 쓴 글이다. 원래 무덤은 대답하지 않는 법이다

119 너의 이름

너의 이름은 너의 몸에 속한 것이 아니라 남의 입에 달려 있는 것이다. 남이 부르기에 따라 좋게도 나쁘게도 되고, 영광스럽게도 치욕스럽게도 되고, 귀하게도 천하게도 된다. 그러다 보니 기쁨과 증오의 감정이 멋대로 생겨난다. 그렇기에 유혹을 받기도 하고 기뻐하기도 하고 두려워하기도 하고 공포에 떨기까지 한다. 이빨과 입술은 네 몸에 붙어 있지만 씹고 뱉는 것은 남에게 달려 있는 셈이다. 너의 이름이 언제쯤 너의 몸에 돌아올 수 있을는지 나는 모르겠다.

— 이덕무는 호 자주 바꾸는 걸로 유명했다. 박지원은 그걸 넌지시 비꼬고 있다.

120 남과 나

사람이나 사물이 처음 생겼을 때에는 서로 구분이 되지 않았다. 남이나 나나 다 사물이었다. 그런데 어느 날 갑자기 자기를 들어 남과 마주 놓은 후 '나'라고 부르며 구분을 짓기 시작했다. 천하의 모든 이들이 일어나 자기를 말하고 '나'라고 부르게 되었다. 그 후론 이미 사사로운 마음을 도저히 이겨 낼 수 없게 되었다.

121 아첨과 해악

덕보(홍대용의 자)가 이렇게 말한 적이 있다. "구차스레 동조하는 것은 아첨하는 것이고, 억지로 반대하는 것은 해를 끼치는 것이다."

122 백성이 부유해야 나라가 산다

사농공상 중 장사하는 이들이 가장 천하다. 그러나 그들이 없으면 세상에 물건이 흐를 수가 없는 법, 이것이 상업을 폐할 수 없는 까닭이다. 백성들이 부유해져야 국가의 재정이 풍족해진다.

123 큰 도리

백성들이 작은 이익에만 집착하고 큰 은혜는 모른다는 이유로 고을 원들은 작은 것만 베풀어 명예를 구한다. 이는 백성들을 다스리는 올바른 방법이 아니다. 큰 도리를 지켜 백성들을 동요시키지 않는 것, 그것이 고을 원이 해야 할 일이다.

124 백 년을 산다는 마음으로

고을을 다스리는 사람은 비록 내일 고을을 떠날지라도 마음속으로는 늘 백 년 동안 머무르며 고을을 다스린다는 생각을 가져야 한다. 그래야 백성들을 다스리고 정사를 펼 수 있다.

125 송덕비

송덕비를 세우는 건 나라에서 금하는 일이다. 그런데도 끝내 세우려고 한다면 하인들을 보내 송덕비를 부수고 땅에 묻어 버리겠다. 그런 뒤 너희 아전들을 고발해 벌을 주도록 요구할 것이다.

— 지금 남아 있는 송덕비 중 실제로 백성이 세운 건 거의 없다고 보면 된다.

126 못된 양반들

지금의 양반은 옛날의 군자이고, 지금의 소인은 옛날의 곤궁하고 하소연할 곳 없는 백성이다. 정치를 펼 때는 소인들을 가장 먼저 보살펴야 마땅하다. 그런데 어찌 소인들만 괴롭혀 나라를 망친단 말인가?

127 자기 할 일만 했던 사람

조헌은 동환봉사를 쓰면서 오로지 나랏일에만 관심을 가졌다. 도끼를 들고 대궐 문밖에 엎드려 상소하다가 귀양을 가게 되었을 때의 일이다. 조헌은 유배지인 함경도 길주까지 걸어서 갔다. 임진왜란이 일어나자 어떻게 했는가? 의병을 일으켜 싸우다가 순절을 했다. 조헌의 역량과 기백은 큰일을 하기에 충분했다. 그럼에도 그는 성공, 실패, 이익, 손해를 따지지 않고 자기 할 일만을 해 나갔던 것이다.

128 청렴결백

혹여 벼슬자리에 올라 녹봉을 받더라도 넉넉히 살 생각은 아예 접어라. 우리 집안은 대대로 청렴결백했다. 청빈이야말로 너희들이 지켜야 할 유일한 본분이다.

129 급한 일

현명한 사람과 군자는 급히 해야 할 일을 어떻게 그렇게 잘 아는가? 남들이 급하게 여기지 않는 일에 대해서도 미리 준비해 두기 때문에 그런 것이다.

130 복

착한 일을 했다고 꼭 복을 받는 건 아니다. 마땅히 해야 할 일을 한 것이지 훌륭한 일을 한 것이 아니기 때문이다.

131 개

개는 주인을 따르는 동물이다. 기르면 잡아먹지 않을 수 없으니 그럴 바엔 아예 기르지 않는 게 낫다.

132 관상

평안하고 공명정대한 군자가 되는 것, 불안에 시달리는 소인배가 되는 것, 그것들은 자신의 마음에 달린 일이다. 뭣 때문에 관상을 보고 길흉을 묻는 건가?

133 풍수

산과 들에 조상의 뼈를 갖고 다니며 큰 복을 구하는 짓을 어찌 그렇게 쉽게 하는지 모르겠다. 하늘이 반드시 미워할 것이다. 그러니 복을 받을 까닭이 있겠는가?

燕巖

06

인물전 같은 소설, 소설 같은 인물전

是何道理切不可復如是也日記中傳諭一事

剛畧不詳俱可見先君謹慎歸美之意云○高靈

墨及筆先君贈與松園金公及太保文室也金、

以題主官往叔祖用此筆墨蓋亦神理湊薄有不偶

去歟 其後李芝[illegible]欲傳東來畫譜求及前請於其君先君命首往請於芝溪 溪公為之傳狀史傳野乘作一部附之畧見芝溪稿中

君每論均役法之弊百世不可不罷之故曰此日

知耳假如一頃之田有栗千樹公家從以税之未

之吏棄翌年栗不結實而據案収税、則自在

田之民騷納公家從之至乙此三元敬民謙元三

134 김홍연

금강산을 유람할 때의 일이다. 만폭동에 들어서자마자 옛사람과 지금 사람들이 이름을 써 놓은 것이 보였다. 큰 글씨로 깊게 새겨 놓아 조금의 빈틈도 보이지 않았다. 사람들로 북적거리는 장날 같았고, 묘지에 빽빽하게 들어선 무덤 같았다. 옛날에 새긴 이름은 이끼에 묻혔고, 새로 새긴 이름은 붉은 빛으로 환히 빛났다. 하늘을 나는 새도 닿기 힘든 천길 벼랑의 바위 위에 '김홍연(金弘淵)' 세 글자가 보였다. 나는 마음속으로 이상히 여기며 중얼거렸다. '위세 대단한 관찰사도, 기이한 경치 좋아하는 양사언도 저런 곳에는 이름을 새기지 못했다. 도대체 어떤 인간이기에 석공에게 위험을 무릅쓰게 한 걸까?'

그 후 나는 우리나라 명산을 두루 돌아다녔다. 남으로는 속리산, 가야산에, 서쪽으로는 천마산, 묘향산에 올랐다. 외지고 깊숙한 곳에 이를 때마다 나는 세상 사람들이 오지 못한 곳에 도달했다고 여겼다. 아니었다. 그곳엔 이미 김홍연의 이름이 있었다. 화가 나서 욕을 퍼부었다. "홍연이 어떤 놈이기에 이다지도 당돌한가?"

— 실존 인물 김홍연을 만나 쓴 글이다.

135 기이한 이야기

덕보는 일찍이 서장관인 숙부를 수행해 북경에 갔다. 유리창에서 육비, 엄성, 반정균을 우연히 만났다(……) 덕보는 특히 엄성과 마음이 잘 맞았다. 군자가 세상에 나서거나 숨는 것은 시대에 따라야 하는 것임을 살짝 알려 주었더니 엄성은 남쪽의 고향으로 돌아가기로 마음을 먹었다.

그 후 두어 해 만에 엄성이 객사하고 말았다. 반정균이 덕보에게 편지를 써서 그 사실을 알렸다. 덕보는 애도하는 글을 지은 뒤 향과 함께 부쳤다. 그런데 그것들이 전달된 날이 바로 엄성의 2주기 제삿날이었다. 모두들 경탄하면서 지극한 정성이 혼령을 감동시켰기 때문이라고들 했다. 엄성의 형이 덕보의 글을 읽고 향을 살랐다. 엄성의 아들은 덕보를 백부라 부르는 편지를 보내면서 아버지의 문집을 함께 부쳤다. 편지와 책은 9년 만에 덕보에게 도착했다. 그 책에는 엄성이 손수 그린 덕보의 작은 초상화가 있었다.

— 홍대용과 엄성의 사연은 소설 그 이상이다.

136 최홍효

최홍효는 나라에 소문난 명필이었다. 일찍이 과거에 응시하여 답안지를 쓰다가 자신이 쓴 글자 하나가 왕희지의 서체와 비슷한 것을 발견했다. 그는 종일토록 답안지를 쳐다보았다. 차마 그것을 버릴 수가 없어 답안지를 품에 품고 돌아왔다. 이익과 손해를 전혀 마음속에 두지 않았다고 할 만하다.

— 최홍효는 조선 전기를 대표하는 서예가다.

137 이징

화가 이징이 아직 어렸을 때의 일이다. 다락에 올라가 그림을 익히고 있었는데 집에서는 그가 있는 곳을 몰라서 난리가 났다. 사흘 후에 그를 찾아낸 아버지가 화가 나 종아리를 때렸다. 이징은 울면서도 떨어진 눈물로 새를 그렸다. 그림에 빠져서 영예와 치욕을 아예 잊어버렸다고 할 만하다.

— 이징은 자라서 화원이 되었고, 인조의 총애를 받았다. 허균은 이징을 높이 평가하는 글을 남기기도 했다.

138 학산수

학산수는 나라에 소문난 명창이었다. 그는 산속에서 소리를 연습했다. 노래 한 곡을 마치면 모래알 하나를 신발에 던졌다. 신발에 모래가 가득 차야만 집에 돌아왔다. 어느 날 학산수는 도둑을 만나 죽을 위기에 처했다. 바람을 향해 노래를 부르자 도둑들이 감격해서 눈물을 흘렸다. 죽고 사는 것을 마음에 두지 않았다고 할 만하다.

— 종친인 학산수가 누구인지는 모른다.

139 유령

술에 취해 쓰러져 자던 송욱이 해가 떠올라서야 겨우 깨어났다. 가만히 누워서 온갖 소리를 들었다. 솔개가 울고 까치가 깍깍댔다. 수레와 말발굽 소리가 요란했고, 울타리 밑에서는 절구 소리가, 부엌에서는 그릇 씻는 소리가 났다. 노인이 누군가를 불렀고, 아이가 까르르 웃었다. 종들이 서로 꾸짖는 소리, 누군가 기침하는 소리도 들렸다. 문 밖에서 들리는 모든 소리를 다 구분할 수 있었다. 그런데 오직 하나, 자기 소리만은 전혀 들리지 않았다. 송욱은 몽롱한 가운데 홀로 중얼거렸다. "집안 식구는 모두 다 있는데 왜 나만 없는 걸까?"

— 나는 이 글을 읽을 때마다 카프카의 '변신'을 떠올린다.

140 눈과 입

이 두루마리 그림(청명상하도)은 상고당(김광수의 호) 김 씨가 아끼던 것이다. 무덤까지 가져가기로 다짐했던 그림이다. 김 씨가 병이 든 후 그림은 관재(서상수의 호)의 소장품이 되었다(……)

김 씨는 골동품이나 서화에 마음을 쏟았다. 절묘한 작품을 만나면 있는 돈, 없는 돈 다 털어서, 심지어는 집과 논밭도 팔아서 샀다. 그래서 우리나라의 귀한 물건들은 다 김 씨에게로 갔다. 자연스레 집안은 점점 가난해졌다. 김 씨는 늙어서 이렇게 말했다. "이제 눈이 어두워졌으니 평생 눈에 바쳤던 것을 입에 바칠 수밖에 없다."

물건들을 내놓았으나 팔리는 값은 구입가의 10분의 2, 3도 안 되었다. 이미 이도 다 빠져서 '입에 바치는' 것이라곤 국물이나 가루뿐이었다.

— 김광수는 고서화 수집 분야의 선구자라 할 만한 사람이다. 이광사와의 우정은 무척 유명하다. 말년의 삶은 행복하지는 않았던 것 같다. 그렇다고 그의 삶이 쓸모 없었다고 말할 수도 없을 것 같다.

141 예덕선생전을 쓴 이유

선비가 먹고사는 데에 연연하면
행동이 몽땅 잘못되지
호화롭게 살다 비참하게 죽는 걸 알면서도
그 욕심 도무지 고치지를 못 하네
엄행수는 똥을 날라 먹고살았으니
일은 더러워도 입은 깨끗하지.
이에 예덕선생전을 짓는다.

142 민옹전을 쓴 이유

민옹은 사람을 메뚜기로 여겼고

노자의 도를 배웠지

풍자와 골계로써

제멋대로 세상을 조롱했지

해마다 벽에 글을 써서 분발했으니

게으른 이들을 깨우칠 만하지.

이에 민옹전을 짓는다.

143 양반전을 쓴 이유

선비란 하늘에서 내리는 것
선비의 마음이 곧 하늘의 뜻이지
그 뜻은 무엇일까
권세와 이익을 멀리하고
잘나가도 선비 본색 유지하고
가난해도 선비 본색 잃지 않는 것
이름 절개 닦지도 않고
가문과 지체만 들먹이며
조상 이름 죽어라 판다면
장사꾼과 뭐가 다를까?
이에 양반전을 짓는다.

144 민옹전

민옹은 키가 무척 작았고 하얀 눈썹이 눈을 덮은 사람이었다. 자신의 이름은 유신이며 나이는 73세라고 소개하고는 이내 나에게 물었다. "그대는 무슨 병에 걸렸나? 머리가 아픈가?"

"아닙니다."

"배가 아픈가?"

"아닙니다."

"그렇다면 병이 든 게 아니네."

민옹은 문을 열고 들창을 걷어 올렸다. 바람이 솔솔 들어와 마음속이 예전과는 다르게 조금은 후련해졌다. 민옹에게 말했다. "밥을 잘 먹지 못하고 밤에 잠을 잘 못 자는 것이 병입니다."

민옹은 일어나서 내게 축하를 했다. 놀라서 물었다. "어찌하여 축하를 하십니까?"

"집이 가난한데 다행히 밥을 잘 먹지 못하고 있으니 재산이 남아돌겠군. 잠을 못 잔다면 밤까지 겸해 사는 것이니 남보다 두 배로 사는 셈이고. 재산이 남아돌고 남보다 두 배로 살면 오복 중에 장수와 부자, 두 가지는 이미 갖춘 셈이지."

잠시 후 밥상이 들어왔다. 나는 신음 소리를 내며 인상을 찌푸리고 음식을 들지 못한 채 이것저것 집어서 냄새만 맡았다. 민옹이 갑자기 화를 내더니 일어서서 가려고 했다. 왜 그러는지 물었더니 민옹은 이렇게 대답했다. "손님을 초대해 놓고는 식사를 주지도 않는군. 자기 혼자만 먼저 먹으려고만 하니 이건 예의가 아닐세."

곧장 사과를 하고는 민옹을 앉혔다. 식사를 권했더니 민옹은 조금도 사양하지 않았다. 민옹은 팔뚝을 걷어 올린 다음 수저를 시원스레 놀려 먹었다. 나도 모르게 입에서 군침이 돌고 막혔던 가슴과 코가 트였다. 그래서 나 또한 예전과 같이 밥을 먹게 되었다.

— 박지원은 십대 후반에 극심한 불면증에 시달린 적이 있었다. 민옹은 그때 만났던 이였을 것이다.

145 광문자전

광문은 거지였다. 한때 종로 저잣거리에서 구걸을 하고 다녔다. 거지 아이들이 광문을 추대해 우두머리로 삼고 소굴을 지키게 했다(……)

광문은 길을 가다가 싸우는 사람을 만나면 그 역시 옷을 벗고 싸움판에 뛰어들었다. 입으로는 뭐라고 시부렁대면서 땅에 금을 그어 마치 옳고 그름을 판정하는 시늉을 했다. 지켜보던 시장 사람들이 다 웃었고 심지어는 싸우던 이도 웃었다. 그러더니 다들 흩어져 돌아갔다.

광문은 나이 마흔이 넘어서도 머리를 땋고 다녔다. 남들이 장가가라고 권하면 이렇게 말했다. "사람들은 남녀 불문하고 잘생긴 얼굴을 좋아하는 법이라오. 나는 못생겼소. 그러니 용모를 꾸밀 수도 없다오."

남들이 집을 얻으라고 권하면 이렇게 말했다. "부모도 형제도 처자식도 없는데 집을 가져 뭘 하겠소? 아침이면 나는 소리 높여 노래를 부르며 시장에 갔다가 해가 지면 부유한 집 문간에서 잠을 잔다오. 서울 안에 있는 집만 해도 8만 개가 된다지요? 날마다 자리를 바꾸어도 내 평생 그 집들을 다 이용할 수 없다오."

— 광문은 조선 거지 중 가장 유명한 사람이다. 박지원은 광문의 삶에 관심이 많아 후일담까지 남겼다.

146 양반전

하늘이 백성을 내니, 그 백성은 사농공상 넷이로세. 네 백성 가운데는 선비가 가장 귀한데 양반으로 불리면 이익이 막대하도다. 농사, 장사 같은 일 하나 안 해도 문학책, 역사책 대충대충 공부해서 크게 되면 문과 급제, 작게 되면 진사로세. 문과 급제 홍패(紅牌)는 두 자 길이도 못 되는데 온갖 물건 다 갖춰져 있으니 이게 바로 돈주머니로다. 서른에 진사 되어 겨우 첫 벼슬에 발 디뎌도, 이름난 음관되고 품계는 절로 올라간다. 하인들이 받쳐 주는 일산에 귀는 희어지고 방울 달린 줄만 당겨 대니 배는 축축 처진다. 방 안에 떨어진 귀걸이는 어여쁜 기생의 것이고, 뜨락에 흩어져 있는 곡식은 두루미를 위한 것이라네. 시골 사는 궁한 선비도 다 사는 방법이 있도다. 이웃집 소로 자기 밭 갈고, 일꾼 뺏어 김을 매도 감히 누가 그를 거역하리. 그런 놈에게 코에 잿물 붓고, 상투 잡아 마구 흔들고, 귀밑수염 다 뽑아도, 감히 누가 그를 원망하리.

147 우상전

나는 우상이 살아있을 때 만난 적이 없다. 우상은 자주 사람을 시켜 나에게 시를 보여 주며 이렇게 전했다. "이분만이 나를 알아줄 수 있을 것이다."

나는 농담 삼아 그 사람에게 말했다. "모두 다 간드러진 말투이니 자질구레해서 귀하게 여길 게 없네."

우상은 화를 내며 이렇게 말했다고 한다. "시골뜨기 주제에 약을 올리는군!"

한참 있다가는 이렇게 한탄했다고 한다. "내가 어찌 이 세상에서 오래갈 수 있겠는가?"

그러곤 눈물을 쏟았다기에, 나 역시 전해 듣고서 슬퍼했다.

얼마 후 우상이 죽었다. 그의 나이 스물일곱이었다. 그의 집안 사람이 꿈속에서 우상을 보았다고 한다. 술 취한 신선이 푸른 고래를 타고 가는 아래로 검은 구름이 드리

웠는데 우상이 머리를 풀어 헤치고 그 뒤를 따라가는 것을 보았다고 한다. 꿈을 꾸고 얼마 후에 우상이 죽었다. 그래서 사람들은 우상이 신선이 되어 떠나갔다고들 말했다. 아! 나는 일찍이 속으로 그의 재주를 남달리 아꼈다. 그럼에도 유독 그의 기를 억누른 것은, 우상이 아직 나이가 젊으니 머리를 숙이고 도로 나아간다면, 글을 저술하여 세상에 남길 만하다고 여겼기 때문이다. 그런데 지금 와 생각하니 우상은 필시 나를 좋아할 만한 사람이 못 된다고 여겼을 것이다.

— 우상은 이언진이다. 이용휴에게서 인정을 받았던 이언진은 왜 박지원에게 시를 보냈을까? 박지원만은 자신을 알아줄 것이라는 말이 가슴을 울린다.

148 호백아!

거리에서는 개들이 마구 짖어 댔다. 희고 여윈 맹견 오(獒) 한 마리가 동쪽에서 다가왔다. 사람들이 둘러싸고 쓰다듬었다. 개는 고개를 숙이고 꼬리를 흔들며 오랫동안 서 있었다.

일찍이 들으니 몽골산인 오는 크기는 말만 한데다가 성질이 사나워서 다루기가 어렵다고 한다. 중국으로 들어간 것은 그중 작은 종자라 길들이기가 쉽다고 하며, 우리나라로 들어온 것은 더욱더 작은 종자라고 한다. 그래도 토종개에 비하면 월등히 크다. 이 개는 이상한 것을 보아도 잘 짖지 않지만 한 번 화가 나면 으르렁거리며 위엄을 과시한다. 세간에서는 호백(胡白, 오랑캐의 개)이라고 하는데 그중에서도 가장 작은 것은 발발이라 부른다. 그 종자는 운남에서 왔다고 한다. 호백이건 발발이건 고기를 좋아하며 아무리 배가 고파도 더러운 것은 먹지 않는다. 사람의 뜻을 잘 알아차려서 목에다 편지 쪽지를 매어 주면 아무리 먼

곳이라도 반드시 전달하며, 혹 주인을 못 만나면 반드시 그 주인집 물건을 물고 돌아와서 증거로 삼는다고 한다. 해마다 사신들을 따라 우리나라에 들어오지만 대부분 굶어 죽는다. 언제나 홀로 다니고 기를 펴지 못한다. 술 취한 무관(이덕무의 자)이 개에게 호백(豪伯, 최고의 호걸)이라는 자를 지어 주었다. 조금 뒤에 개가 사라져 보이지 않게 되자 섭섭해진 무관은 동쪽을 보며 "호백, 호백, 호백!" 하고 마치 오랜 벗에게 하듯 세 번이나 불렀다. 모두들 크게 웃었다. 개들도 달아나면서 마구 짖어 댔다.

— 한 편의 소설로 부르기에 부족함이 없다. 이덕무는 호백이었고, 호백은 이덕무였다.

149 하루는 길다

양 군(양현교)은 본성이 게을러 들어앉아 있기를 좋아한다. 권태가 찾아오면 발을 내리고, 검은 궤 하나, 거문고 하나, 검 하나, 향로 하나, 술병 하나, 차 끓이는 그릇 하나, 고서화 두루마기 하나, 바둑판 하나 사이에 벌렁 드러눕는다. 자다 일어나서 발을 걷고 해가 어디쯤 걸렸나 내다본다. 섬돌 위에 나무 그늘이 잠깐 사이에 옮겨 가고, 울타리 밑에서는 한낮의 닭이 처음 울고 있다. 양 군은 궤에 기대어 검을 살피거나, 거문고 두어 곡을 타거나, 술 한잔을 홀짝거려 스스로 가슴을 트이게 하거나, 향을 피우거나, 차를 달이거나, 그림을 보거나, 기보를 참조하며 홀로 몇 판을 두거나 한다. 그러면 하품이 밀물처럼 쏟아지고 눈꺼풀은 처진 구름처럼 무거워져 다시 드러눕는다.

손님이 문에 들어선다. 발은 조용히 드리워져 있고, 떨어진 꽃은 뜰에 가득하고, 처마 끝 풍경은 저절로 울린다. 손님이 인수, 인수 하고 주인의 자를 서너 번 부르면 양 군은 일어나 앉는다. 나무 그늘과 처마 그림자를 바라보면 해는 아직도 다 떨어지지 않았다.

— 뭐 이리 게으른 사람이 다 있나 싶을 것이다. 그러나 정권에서 소외된 개성 사람 양현교에겐 따로 할 일이 없었다.

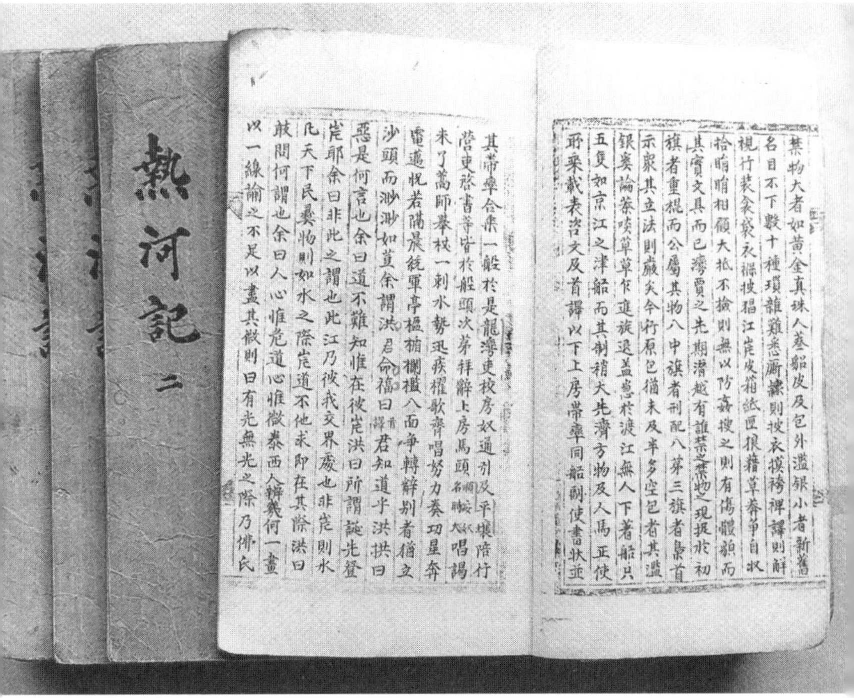

박지원의 『열하일기』(熱河日記)

燕巖

07

열하일기

伊乃使小姪呼於巷中曰有能從吾旁以良糧

擔笈入金剛山者予應募者數人乃曉發抵樓所

過俞申二公皆驚喜過索約焉遍踏表裏諸勝

石於萬瀑洞中而歸三日浦四仙亭又有聯句懸板○先君於金

剛之遊有叢石亭觀日出詩一篇洪尚書象漢從

子舍見之驚曰今世能有此筆力乎是不可空還

也以湖筆大小共二百枝送門下客致之寄意焉

異焉

祔遭王妣咸平李氏喪大護軍諱昌遠女先君尋

150 비방에 대해

저들이 떠들어 대는 '오랑캐의 칭호를 쓴 원고〔虜號之藁〕'가 도대체 무엇을 가리킨 것인지 도무지 알 수 없소. 연호(年號)를 말한 것이오, 지명(地名)을 말한 것이오? 이 책은 잡다한 여행 기록에 불과한 것이라오. 세상의 도의와는 아무 관계도 없는 책이라는 뜻이지. 대의명분, 의리 같은 건 논하지도 않았다는 뜻이지. 그런데 지금 갑자기 어떤 사람이 나타나 현명한 이들에게 완전무결함을 요구하듯 행동하고 있으니 이는 지나친 일이랄 수밖에.

— 처남 이재성에게 울분을 토한 편지다. 오랑캐의 칭호를 썼다며 『열하일기』를 비난한 사람은 바로 유한준이었다.

151 요동(遼東) 벌판을 새벽에 지나며

요동 벌판은 언제 끝날까
열흘 내내 산도 못 보았네
새벽별은 말 머리 위로 솟고
아침 해는 논 사이에서 뜬다

152 절구 한 수

머리 허연 서생 북경으로 들어가네
옷 입은 건 의연해 늙은 병사의 모습
말을 타고 또다시 열하로 가네
공과 명예를 향해 나가는 가난한 선비처럼

153 강물과 언덕의 사이

물살이 빨랐으나 사공들이 일제히 뱃노래를 부르며 힘을 쓰고 공을 들인 바람에 배가 유성처럼 번개처럼 빠르게 나아가자 마치 새벽이 밝아 오는 것같이 황홀했다. 멀리 통군정의 기둥과 난간이 팔방으로 앞다투어 빙빙 도는 것 같고, 배웅 나온 사람들은 아직 모래 언덕에 서 있는데 너무도 아득하여 마치 콩알처럼 보였다. 나는 수역 홍명복에게 물었다. "자네, 도를 아는가?"

홍 군은 두 손을 마주 잡고 되물었다. "아니, 도대체 그게 무슨 말씀이십니까?"

"도란 알기 어려운 게 아닐세. 바로 저기 강 언덕에 있는 게 바로 도일세."

"시경에 나오는 '먼저 저 언덕에 오른다'라는 말을 하시는 겁니까?"

"그게 아닐세. 압록강은 바로 우리나라와 중국의 경계라네. 그 경계란 언덕이 아니면 강물이네. 무릇 천하 인민의 떳떳한 윤리와 사물의 법칙은 마치 강물과 언덕이 서로 만나는 곳의 중간과 같은 걸세. 그러므로 도라고 하는 것은 다른 데가 아니라 바로 강물과 언덕의 사이에 있는 것이지."

— 박지원 특유의 사이에 대한 생각을 여기서도 읽을 수 있다.

154 미인

정 진사, 주 주부, 변 군, 박래원, 주부 조학동 등과 투전판을 벌였다. 시간도 보낼 겸, 술값도 보탤 겸 시작했으나 몇 차례 내 솜씨를 보더니 더 이상 나를 끼워 주지를 않았다. 가만히 앉아 술이나 먹으라고 하니 "굿이나 보고 떡이나 먹지"라는 속담에 딱 어울리는 격이 되고 말았다. 분통이 터지고 원망스러웠지만 어찌할 수도 없었다. 가만 생각해 보니 그리 나쁠 것도 없었다. 누가 따고 잃는지 승패를 감상하면서도 술은 제일 먼저 마실 수 있으니 그리 해롭지는 않은 일인 것이다. 그때 벽 사이로 부인의 말소리가 들려왔다. 간드러지고 애교 있는 목소리가 꼭 제비와 꾀꼬리가 우는 것 같았다. 정신이 번쩍 들었다. 목소리로 보건대 주인집 아낙은 필시 절세가인임에 분명하다.

담뱃불에 불붙이러 간다는 핑계를 대고 부엌에 들어갔다. 적어도 오십은 족히 넘어 보이는 부인이 창 앞의 걸상에 앉았는데, 얼굴이 아주 험상궂고 못생겼다. 나를 보고는 제비와 꾀꼬리의 목소리로 이렇게 말했다. "복 많이 받으세요."

나도 대답했다. "주인께서도 큰 복을 누리세요."

나는 일부러 오랫동안 재를 뒤적거리면서 부인을 곁눈으로 흘깃흘깃 훔쳐보았다.

— 남자들이란, 참.

155 도이노음

저녁에 여러 사람들과 술 몇 잔을 마시고, 으슥한 시간이 되어서야 취한 몸으로 돌아와 누웠다. 정사와는 캉(중국식 방구들)을 마주하였는데 중간에 장막을 쳐서 막았다. 정사는 이미 깊은 잠에 빠져 있었다. 막 담뱃대를 물고 정신이 몽롱해지려던 참이었다. 머리맡에서 갑자기 발자국 소리가 났다. 놀란 내가 외쳤다. "거기 누구냐?"

"도이노음이요."

발음과 목소리가 우리와 다른 것이 영 수상했다. 다시 고함을 질렀다. "네놈이 누구냐?"

큰 소리의 대답이 돌아왔다. "소인 도이노음이요."

시대와 상방의 비복들이 일제히 놀라 일어났다. 뺨을 치는 소리가 들리는가 싶더니 우당탕 문밖으로 뛰쳐나가는 소리가 이어졌다.

청나라 갑군은 매일 밤 우리 일행의 숙소를 순검하면서 사신단의 숫자를 셌다. 야심한 시각, 모두들 곤히 잠든 틈에 왔다 갔기 때문에 그동안 그의 존재를 아는 사람이 없었던 것이다.

그렇다고는 해도 갑군이 스스로 '도이노음'이라 칭한 것은 정말 포복절도할 일이다. 우리나라에서 오랑캐를 부르는 말이 바로 '도이(되)'니 말이다. '노음'은 낮고 천한 이를 가리키는 말이고, '이오'란 높은 사람을 공대하는 말이다. 갑군이 오랫동안 사행을 치르는 사이에 우리나라 사람들에게 말을 배웠는데 '되'라는 말을 유독 많이 들었기 때문이리라. 한바탕 소란에 잠이 달아났다. 벼룩도 괴롭혀 잠자기란 불가능했다. 역시 잠을 놓친 정사와 나는 촛불을 켠 채 날을 새웠다.

— 소인 도이노음이라니, 일본 사람이 자신을 소개하며 나 왜놈입니다, 하는 격이다.

156 울기 좋은 장소

갓난아이가 처음 태어나 어느 정에 감동해 우는지 자네는 아는가? 갓난아이는 처음으로 해와 달을 봤네. 그 다음에 부모와 일가친척들을 보았으니 즐겁고 기뻐하지 않을 수 없겠지. 이런 기쁨과 즐거움은 늙을 때까지 두 번 다시 맛볼 수 없을 테니. 슬퍼하거나 화를 낼 이치가 없으니 즐거워하고 웃어야 마땅하지 않을까? 그런데 현실은 어떠한가? 갓난아이는 웃기는커녕 도리어 한없이 울어 대고 분노와 한이 가슴에 꽉 찬 듯이 굴지 않나? 이를 두고 이렇게들 말하지. 신성하게 태어나거나 어리석고 평범하게 태어나거나 사람은 모두 죽게 되어 있다고. 살아서는 허물과 걱정 근심에 늘 시달리게 되므로, 갓난아이는 자신이 태어난 것을 후회하여 먼저 울어서 자신을 위로하는 것이라고. 하지만 그건 갓난아이의 본래 마음을 이해하지 못해서 하는 엉뚱한 말이네.

내 생각은 이렇다네. 갓난아이가 어머니 배 속에 있을

때는 캄캄하고 막히고 좁은 곳에서 웅크리고 부대끼게 마련이네. 그러다가 갑자기 넓은 곳으로 빠져나와 손과 발을 펴서 기지개를 켜고 드디어 마음과 생각마저 확 트이게 되니, 어찌 참소리를 질러 억눌렸던 정을 다 크게 씻어 내지 않을 수 있겠는가?

그러므로 갓난아이의 거짓과 조작이 없는 참소리를 본받는다면, 동해를 바라볼 수 있는 금강산 비로봉도 한바탕 울 만한 적당한 장소가 될 것이고, 황해도 장연의 금모래사장 또한 한바탕 울 만한 장소가 될 것이네.

나는 지금 요동 벌판에 있네. 산해관까지 일천이백 리가 되지만 사방에 한 점의 산도 없으니, 하늘 끝과 땅 끝을 아교로 붙인 듯, 실로 꿰맨 듯하고 고금의 비와 구름만이 창창하다네. 그러니 여기가 바로 우리가 한바탕 울어 볼 만한 장소가 아니겠는가?

— 그 유명한 「호곡장론」(好哭場論)이다. 호곡장은 울기 좋은 장소라는 뜻이다.

157 낙타 찾기

연 이틀 밤을 설쳤더니 해 뜬 뒤에도 피곤했다. 창대에게 말고삐를 놓고 장복과 함께 양쪽에서 날 부축하고 가게 했다. 한숨 푹 잤더니 정신이 비로소 맑아지고 경치도 새롭게 보였다. 장복이 말했다. "아까 몽고 사람이 낙타 두 마리를 끌고 지나가던데요."

내가 화를 내며 말했다. "왜, 내게 알리지 않았더냐?"

창대가 끼어들었다. "천둥처럼 코를 고시느라 아무리 불러도 안 일어나는 걸 어찌하겠습니까? 우리도 생전 처음 보는 것이라 똑똑히는 모르겠으나 아무래도 낙타 같았습니다."

"그 모습이 어떻게 생겼더냐?"

창대가 말했다. "말로 표현하기도 어렵습니다. 말인 줄 알았더니 발굽이 두 쪽뿐이고, 꼬리가 비슷해 소인 줄 알았더니 머리에 뿔도 없고 얼굴은 양처럼 생겼고, 그래서 양인 줄 알았더니 털이 꼬불꼬불하지도 않고 등엔 두 개의

봉우리가 있었습니다. 머리를 드는 모양은 거위 같았고, 눈을 뜬 모양은 꼭 장님 같았습니다."

"낙타가 분명하다. 크기가 얼마만 하더냐?"

창대가 한 길이나 되는 허물어진 담을 가리키며 말했다. "높이가 저 정도 되었습니다."

나는 그들에게 일렀다. "앞으로는 처음 보는 사물이 있거든 내가 졸거나 식사 중일 때도 반드시 알려야 하느니라."

— 연암의 호기심을 알 수 있는 부분이다. 『열하일기』는 호기심이 만들어 낸 책이라 해도 과언이 아니다.

158 삼류 선비의 똥 사랑

나는 삼류 선비에 지나지 않지만 중국의 장관에 대해 이렇게 말하고 싶다. 정말 장관은 깨진 기와 조각과 냄새나는 똥에 있었다고.

깨진 기와 조각은 사람들이 쓰지 않고 버리는 물건이다. 그러나 민간에서 담을 쌓을 때 깨진 기와 조각은 제값을 하고도 남는다. 어깨 높이 되는 곳에는 쪼개진 기왓장을 두 장씩 포개어 물결무늬를 만들고, 네 쪽을 안으로 모아 둥근 무늬를 만들며, 네 쪽을 밖으로 등을 대고 붙여 옛날 동전의 구멍 모양을 만든다. 기와 조각들이 서로 맞물려 만들어진 구멍들의 영롱한 빛이 안팎으로 비친다. 깨진 기와 조각을 내버리지 않은 까닭에 천하의 아름다운 무늬가 있게 된 것이다. 벽돌을 깔 수 없는 가난한 동네에서는 여러 빛깔의 유리기와 조각과 냇가의 둥글고 반들반들한 조약돌을 맞추어 꽃, 나무, 새, 짐승 문양을 만드니, 비가 오더라도 땅이 진흙으로 변할 걱정이 없다. 자갈과 조약돌을 내버리지 않은 덕분에 천하의 훌륭한 그림이 있게 된 것이다.

똥은 세상에서 가장 더러운 물건이다. 밭 거름으로 쓰일 때는 다르다. 금처럼 귀한 존재가 된다. 길에는 버린 재도 하나 없으며, 말똥을 줍는 이들은 오쟁이를 둘러메고 말 뒤를 졸졸 따라다닌다. 이렇게 모은 똥을 네모반듯하게, 혹은 여덟 모, 여섯 모로, 혹은 누각이나 돈대 모양으로 쌓는다. 똥거름을 쌓아 올린 모양을 보니 천하의 문물과 제도가 여기에 있음을 알 수 있다. 그래서 삼류 선비는 이렇게 말한다. 기와 조각, 조약돌, 그리고 똥이 바로 장관이라고.

— 이른바 똥 장으로, 고루한 이념에 젖어 실용을 외면하는 조선 선비들을 비꼬는 글이다.

159 나는 혼자다

나는 유리창 안에 홀로 서 있다. 내가 입은 옷과 갓은 천하 사람들이 모르는 것이고, 내 수염과 눈썹은 천하 사람들이 처음 보는 것이고, 반남 박씨는 천하 사람들이 처음 들어 보는 성일 것이다. 그러므로 나는 성인도 되고, 부처도 되고, 현인도 되고, 호걸도 될 수 있다. 은나라 기자(箕子)나 초나라 접여(接輿)처럼 미쳐 날뛸 수도 있겠지. 아, 앞으로 나는 누구와 함께 이 지극한 즐거움을 논할 수 있겠는가?

— 인파로 가득한 유리창에서 박지원은 문득 외로움을 느낀다. 지금 우리가 느끼는 감정과 하나 다르지 않다.

160 가자, 열하로

급박하게 움직이는 소리가 들렸다. 무슨 일이 난 모양이었다. 옷을 챙겨 입으려는데 시대가 달려와 말했다. "지금 열하로 가야 한답니다."

변 군과 래원이 화들짝 놀라며 물었다. "어디 불이라도 났소?"

나는 그들을 놀리기 위해 이렇게 말했다. "황제가 열하로 가서 북경이 비어 있는 틈을 노려서 몽고 기병 십만 명이 쳐들어왔소."

그들은 놀라서 으악 소리를 질렀다.

사신이 머무는 상방으로 갔더니 온통 난리가 났다. 청나라 통역관 오림포 등이 분주히 움직이는데 얼굴빛이 영 말이 아니었다. 그들은 자기 가슴을 두드리거나 뺨을 치거나 아예 자기 목을 자르는 시늉을 하며 외쳤다. "이제 카이카이(開開) 될 판이라오."

'카이카이'는 목이 달아난다는 말이었다. 이 모가지 어쩌면 좋을까, 하고 팔팔 뛰는 이들도 있었다. 도무지 그 이유를 알 수 없었으나 하는 짓거리는 흉측하고 호들갑스러웠다.

사정은 이러했다. 황제는 매일같이 우리 사신이 오기만을 기다렸다. 그러다가 우리가 올린 문서를 받아 보고 분노했다. 예부에서 조선 사신을 열하로 오게 할 것인지 말 것인지를 묻지도 않고 달랑 문서만 올렸기 때문이었다. 황제는 그들에게 분노를 표하고는 감봉 처분을 명했다. 상서 이하 북경의 예부에 있는 사람들은 두려워 어찌할 바를 몰라 허둥대다가 마침내 우리에게 짐을 최소한으로 꾸려 빨리 열하로 떠나라고 독촉한 것이었다.

정사가 머무는 상방에 부사와 서장관이 찾아와 그들이 데리고 갈 비장을 뽑았다(……) 나는 함께 가기를 바랐으나 주저하는 구석도 있었다. 안장에서 내린 지 얼마 되지 않아 여독도 채 안 가셨는데 또다시 먼 길을 가는 것을 견딜 수가 없어서였고, 열하에 갔다가 자칫 곧바로 조선으로 귀국하라는 황제의 명이 내린다면 고대하던 북경 유람이 실로 낭패가 되기 때문이었다. 요 근랜 우리나라를 무척 아끼는 황제는 속히 돌아가라는 명령을 내리는 것을 특별

한 은전으로 여기고 있으니, 열하에서 바로 조선으로 돌아가라는 명령을 내릴 가능성이 십중팔구였다. 정사가 말했다. "자네가 만 리 길 북경에 온 것도 다 유람을 위해서이겠지. 그런데 뭘 망설이나? 열하는 우리 전에는 그 누구도 가 보지 못한 곳이라네. 조선에 돌아가서 사람들이 열하가 어떻더냐고 묻는다면 도대체 뭐라고 대답할 건가? 북경이야 다들 본 곳이지만 열하는 다르네. 천 년에 한 번 만나는 좋은 기회이니 자네는 꼭 가야 한다네."

정사의 말에는 잘못된 구석이 없었다. 나는 가기로 마음을 먹었다.

— 박지원이 열하에 간 것은 사실은 계획에 없던 일이었다. 『열하일기』는 호기심으로, 그리고 우연으로 만들어졌다.

161 일야구도하기

오늘 나는 밤중에 한 가닥 강물을 아홉 번 건넜다. 강물은 장성 밖 변방에서 흘러 들어와 장성을 뚫었다. 유하와 조하, 황화, 진천 등의 강물은 한데 모여 밀운성 아래를 지나며 백하가 되었다. 나는 어제 두 번째 배로 백하를 건넜다.

내가 아직 요동에 들어서지 못했던 여름의 일이다. 뜨거운 태양 아래에서 길을 가는데 갑자기 큰 강이 나타났다. 붉은 물결이 산처럼 거대해 끝이 보이지 않았다. 천리 밖에 폭우가 내린 까닭이다. 물을 건널 때 사람들은 모두 고개를 젖혀 하늘을 보았다. 나는 사람들이 하늘에 조용히 기도를 올리는가 보다 여겼다. 한참 뒤에야 진짜 이유를 깨달았다. 물 건너는 사람들이 거세게 빨리 돌아가는 강물을 보면 마치 자기 몸이 물을 거슬러 올라가는 느낌을 받게 된다. 어디 그뿐인가? 눈 또한 강물과 함께 따라 내려가는 것만 같아서 갑자기 어지러워지며, 마침내는 물에 빠지

게 되는 것이다. 그러므로 그들이 하늘을 보는 까닭은 물을 보지 않기 위해서였다. 하긴, 어느 겨를에 위기에 처한 목숨을 위해 기도할 경황이 있겠는가?

이토록 위험하다 보니 물소리는 안중에도 없다. '요동의 벌판은 넓고 평평해서 물소리가 요란하게 나지 않는다'고 말하는 까닭이다. 이것은 물을 몰라서 하는 소리다. 요동 강물이 요란한 소리를 내지 않는 것이 아니라 밤에 건너지 않았기 때문이다. 낮에는 눈으로 물을 볼 수 있다. 위험한 것을 보며 벌벌 떨면서 눈으로 보는 모든 것을 걱정하고 있는 판이다. 그런 마당에 어찌 귀에 소리가 들리겠는가? 오늘 나는 밤중에 물을 건넜다. 눈으로는 위험을 볼 수 없으니 그 위험은 오로지 듣는 데만 쏠리게 되었다. 나는 무서워 덜덜 떨며 온갖 걱정에 시달렸다.

나는 오늘에서야 비로소 도를 깨달았다. 마음에 잡된 생각이 없는 이는 육신의 귀와 눈이 해가 되지 않는 법이다. 귀와 눈만을 믿는 이는 보고 듣는 것을 더 자세히 살피게 되어 결국 병폐를 만들어 낸다.

— 너무 유명한 글이라 오히려 식상한 느낌마저 든다. 물론 그건 박지원의 잘못은 아니다.

162 요술쟁이의 칼

요술쟁이는 땅에 꽂았던 칼을 뽑아서 좌에서 우로 휘두르고 다시 우에서 좌로 휘두른다. 하늘을 쳐다본 후 칼을 던져 손바닥으로 받는다. 또 한 번 높이 던지고는 하늘을 향하여 입을 벌린다. 칼끝이 곧바로 떨어져 입속에 꽂힌다. 얼굴이 새파랗게 변한 사람들은 벌떡 일어난다. 모두들 말이 없다. 요술쟁이는 고개를 젖히고 두 팔을 늘어뜨리고 빳빳이 서 있다. 눈 한 번 깜박하지 않고 하늘을 똑바로 쳐다보면서 칼을 삼킨다. 병을 기울여 뭔가를 마시는 것 같고, 목과 배가 씰룩거리는 것이 화난 두꺼비가 배를 불룩이는 것 같다. 칼의 고리가 이에 걸렸다. 칼자루가 넘어가지 않고 남아 있다. 요술쟁이는 네 발로 기듯이 칼자루로 땅을 다진다. 이와 고리가 맞부딪쳐 딱딱 소리가 난다. 요술쟁이는 다시 일어나서 주먹으로 자루 끝을 친다. 한 손으로는 배를 만지고, 다른 손으로는 칼자루를 잡고 휘두른다. 배 속에서 칼이 오르내린다. 살가죽 바로 아래에서 붓으로 종이에 줄을 긋는 것 같았다. 사람들이 무서워 소리를 지른다. 똑바로 보지 못한다. 겁에 질린 아이들은 울면서 달아나고 그러다가 엎어져 쓰러진다. 요술쟁이가 갑자기 손뼉을 친다. 사방을 돌아보며 의연하게 바로 선다. 서서히 칼을 뽑아 두 손으로 받든다. 그 칼을 사람들에게 두루 보이곤 앞으로 나와 인사를 한다. 칼끝에 묻은 핏방울에서는 더운 김이 모락모락 난다.

— 박지원은 북경에서 본 요술쟁이 쇼를 실감나게 묘사했다. 북경의 요술쟁이에 비하면 데이비드 카퍼필드는 아무것도 아니다.

| 색인 |

1.繪聲園集跋, 공작관문고(孔雀館文稿), 『연암집』 제3권
2.『과정록』
3.與仲存, 영대정잉묵(映帶亭賸墨), 『연암집』 제5권
4.贈白永叔入麒麟峽序, 연상각선본(煙湘閣選本), 『연암집』 제1권
5.洪德保墓誌銘, 연상각선본(煙湘閣選本), 『연암집』 제2권
6.答洪德保書[第二], 공작관문고(孔雀館文稿), 『연암집』 제3권
7.謝湛軒, 영대정잉묵(映帶亭賸墨), 『연암집』 제5권
8.李夢直哀辭, 공작관문고(孔雀館文稿), 『연암집』 제3권
9.答京之, 영대정잉묵(映帶亭賸墨), 『연암집』 제5권
10.答蒼厓[之五], 영대정잉묵(映帶亭賸墨), 『연암집』 제5권
11.與敬甫, 영대정잉묵(映帶亭賸墨), 『연암집』 제5권
12.與敬甫[之二], 영대정잉묵(映帶亭賸墨), 『연암집』 제5권
13.北學議序, 종북소선(鍾北小選), 『연암집』 제7권 별집
14.祭鄭石癡文, 엄화계수일(罨畫溪蒐逸), 『연암집』 제10권 별집
15.與人, 엄화계수일(罨畫溪蒐逸), 『연암집』 제10권 별집
16.與人, 엄화계수일(罨畫溪蒐逸), 『연암집』 제10권 별집
17.『연암선생서간첩』
18.大隱菴唱酬詩序, 공작관문고(孔雀館文稿), 『연암집』 제3권
19.穢德先生傳, 방경각외전(放璚閣外傳), 『연암집』 제8권 별집
20.自序, 영대정잉묵(映帶亭賸墨), 『연암집』 제5권
21.『과정록』
22.伯姊贈貞夫人朴氏墓誌銘, 연상각선본(煙湘閣選本), 『연암집』 제2권
23.伯嫂恭人李氏墓誌銘, 연상각선본(煙湘閣選本), 『연암집』 제2권
24.謝黃允之書, 공작관문고(孔雀館文稿), 『연암집』 제3권
25.謝黃允之書, 공작관문고(孔雀館文稿), 『연암집』 제3권

26.祭外舅處士遺安齋李公文, 공작관문고(孔雀館文稿), 『연암집』 제3권

27.燕岩憶先兄, 영대정잡영(映帶亭雜咏), 『연암집』 제4권

28.上金右相書, 공작관문고(孔雀館文稿), 『연암집』 제3권

29.『연암선생서간첩』

30.『연암선생서간첩』

31.『연암선생서간첩』

32 原士, 엄화계수일 잡저(罨畫溪蒐逸雜著), 『연암집』 제10권 별집

33.楚亭集序, 연상각선본(煙湘閣選本), 『연암집』 제1권

34.楚亭集序, 연상각선본(煙湘閣選本), 『연암집』 제1권

35.楚亭集序, 연상각선본(煙湘閣選本), 『연암집』 제1권

36.騷壇赤幟引, 연상각선본(煙湘閣選本), 『연암집』 제1권

37.自序, 공작관문고(孔雀館文稿), 『연암집』 제3권

38.自序, 공작관문고(孔雀館文稿), 『연암집』 제3권

39.素玩亭記, 공작관문고(孔雀館文稿), 『연암집』 제3권

40.贈左蘇山人, 영대정잡영(映帶亭雜咏), 『연암집』 제4권

41.答京之[之二], 영대정잉묵(映帶亭賸墨), 『연암집』 제5권

42.答京之[之三], 영대정잉묵(映帶亭賸墨), 『연암집』 제5권

43.答蒼厓, 영대정잉묵(映帶亭賸墨), 『연암집』 제5권

44.答蒼厓[之三], 영대정잉묵(映帶亭賸墨), 『연암집』 제5권

45.與人, 영대정잉묵(映帶亭賸墨), 『연암집』 제5권

46.賀北鄰科, 영대정잉묵(映帶亭賸墨), 『연암집』 제5권

47.與楚幘, 영대정잉묵(映帶亭賸墨), 『연암집』 제5권

48.上從兄, 영대정잉묵(映帶亭賸墨), 『연암집』 제5권

49.蜋丸集序, 종북소선(鍾北小選), 『연암집』 제7권 별집

50.北學議序, 종북소선(鍾北小選), 『연암집』 제7권 별집

51.原士, 엄화계수일 잡저(罨畫溪蒐逸雜著), 『연암집』 제10권 별집

52.原士, 엄화계수일 잡저(罨畫溪蒐逸雜著), 『연암집』 제10권 별집

53.原士, 엄화계수일 잡저(罨畫溪蒐逸雜著), 『연암집』 제10권 별집

54.原士, 엄화계수일 잡저(罨畫溪蒐逸雜著), 『연암집』 제10권 별집

55.原士, 엄화계수일 잡저(罨畫溪蒐逸雜著), 『연암집』 제10권 별집

56.原士, 엄화계수일 잡저(罨畫溪蒐逸雜著), 『연암집』 제10권 별집

57.原士, 엄화계수일 잡저(罨畫溪蒐逸雜著), 『연암집』 제10권 별집

58.『연암선생서간첩』

59.『연암선생서간첩』

60.『과정록』
61.『과정록』
62.『과정록』
63.『과정록』
64.夏夜讌記, 공작관문고(孔雀館文稿), 『연암집』 제3권
65.夏夜讌記, 공작관문고(孔雀館文稿), 『연암집』 제3권
66.酬素玩亭夏夜訪友記, 공작관문고(孔雀館文稿), 『연암집』 제3권
67.酬素玩亭夏夜訪友記, 공작관문고(孔雀館文稿), 『연암집』 제3권
68.答洪德保書[第四], 공작관문고(孔雀館文稿), 『연암집』 제3권
69.與人, 공작관문고(孔雀館文稿), 『연암집』 제3권
70.上金右相書, 공작관문고(孔雀館文稿), 『연암집』 제3권
71.答湖南伯, 공작관문고(孔雀館文稿), 『연암집』 제3권
72.答李監司 書九 謫中書, 공작관문고(孔雀館文稿), 『연암집』 제3권
73.元朝對鏡, 영대정잡영(映帶亭雜咏), 『연암집』 제4권
74.曉行, 영대정잡영(映帶亭雜咏), 『연암집』 제4권
75.極寒, 영대정잡영(映帶亭雜咏), 『연암집』 제4권
76.弼雲臺賞花, 영대정잡영(映帶亭雜咏), 『연암집』 제4권
77.與石癡[之二], 영대정잉묵(映帶亭賸墨), 『연암집』 제5권
78.與同人, 영대정잉묵(映帶亭賸墨), 『연암집』 제5권
79.與成伯, 영대정잉묵(映帶亭賸墨), 『연암집』 제5권
80.答大瓠[之二], 영대정잉묵(映帶亭賸墨), 『연암집』 제5권
81.題友人菊花詩軸, 종북소선(鍾北小選), 『연암집』 제7권 별집
82.馬首虹飛記, 엄화계수일(罨畫溪蒐逸), 『연암집』 제10권 별집
83.桃花洞詩軸跋, 엄화계수일(罨畫溪蒐逸), 『연암집』 제10권 별집
84.士章哀辭, 엄화계수일(罨畫溪蒐逸), 『연암집』 제10권 별집
85.答南壽, 엄화계수일(罨畫溪蒐逸), 『연암집』 제10권 별집
86.『연암선생서간첩』
87.『연암선생서간첩』
88.『연암선생서간첩』
89.『과정록』
90.李子厚賀子詩軸序, 연상각선본(煙湘閣選本), 『연암집』 제1권
91.海印寺唱酬詩序, 연상각선본(煙湘閣選本), 『연암집』 제1권
92.澹然亭記, 연상각선본(煙湘閣選本), 『연암집』 제1권
93.澹然亭記, 연상각선본(煙湘閣選本), 『연암집』 제1권

94.以存堂記, 연상각선본(煙湘閣選本), 『연암집』 제1권
95.答任亨五論原道書, 연상각선본(煙湘閣選本), 『연암집』 제2권
96.大隱菴唱酬詩序, 공작관문고(孔雀館文稿), 『연암집』 제3권
97.素玩亭記, 공작관문고(孔雀館文稿), 『연암집』 제3권
98.筆洗說, 공작관문고(孔雀館文稿), 『연암집』 제3권
99.答兪士京書, 공작관문고(孔雀館文稿), 『연암집』 제3권
100.答洪德保書, 공작관문고(孔雀館文稿), 『연암집』 제3권
101.李夢直哀辭, 공작관문고(孔雀館文稿), 『연암집』 제3권
102.兪景集哀辭, 공작관문고(孔雀館文稿), 『연암집』 제3권
103.與中一, 영대정잉묵(映帶亭賸墨), 『연암집』 제5권
104. 與中一[之二], 영대정잉묵(映帶亭賸墨), 『연암집』 제5권
105. 與中一[之二], 영대정잉묵(映帶亭賸墨), 『연암집』 제5권
106.答蒼厓[之二], 영대정잉묵(映帶亭賸墨), 『연암집』 제5권
107.答仲玉, 영대정잉묵(映帶亭賸墨), 『연암집』 제5권
108.答仲玉[之二], 영대정잉묵(映帶亭賸墨), 『연암집』 제5권
109.答仲玉[之四], 영대정잉묵(映帶亭賸墨), 『연암집』 제5권
110. 答某, 영대정잉묵(映帶亭賸墨), 『연암집』 제5권
111.與誠之, 영대정잉묵(映帶亭賸墨), 『연암집』 제5권
112.蜋丸集序, 종북소선(鍾北小選), 『연암집』 제7권 별집
113.蜋丸集序, 종북소선(鍾北小選), 『연암집』 제7권 별집
114.菱洋詩集序, 종북소선(鍾北小選), 『연암집』 제7권 별집
115.菱洋詩集序, 종북소선(鍾北小選), 『연암집』 제7권 별집
116.嬰處稿序, 종북소선(鍾北小選), 『연암집』 제7권 별집
117.綠天館集序, 종북소선(鍾北小選), 『연암집』 제7권 별집
118.冷齋集序, 종북소선(鍾北小選), 『연암집』 제7권 별집
119.蟬橘堂記, 종북소선(鍾北小選), 『연암집』 제7권 별집
120.愛吾廬記, 종북소선(鍾北小選), 『연암집』 제7권 별집
121.原士, 엄화계수일 잡저(罨畫溪蒐逸雜著), 『연암집』 제10권 별집
122.『과정록』
123.『과정록』
124.『과정록』
125.『과정록』
126.『과정록』
127.『과정록』

128.『과정록』

129.『과정록』

130.『과정록』

131.『과정록』

132.『과정록』

133.『과정록』

134.髮僧菴記, 연상각선본(煙湘閣選本), 『연암집』 제1권

135.洪德保墓誌銘, 연상각선본(煙湘閣選本), 『연암집』 제2권

136.炯言挑筆帖序, 종북소선(鍾北小選), 『연암집』 제7권 별집

137.炯言挑筆帖序, 종북소선(鍾北小選), 『연암집』 제7권 별집

138.炯言挑筆帖序, 종북소선(鍾北小選), 『연암집』 제7권 별집

139.念齋記, 종북소선(鍾北小選), 『연암집』 제7권 별집

140.觀齋所藏清明上河圖跋, 종북소선(鍾北小選), 『연암집』 제7권 별집

141.自序, 방경각외전(放璚閣外傳), 『연암집』 제8권 별집

142.自序, 방경각외전(放璚閣外傳), 『연암집』 제8권 별집

143.自序, 방경각외전(放璚閣外傳), 『연암집』 제8권 별집

144.閔翁傳, 방경각외전(放璚閣外傳), 『연암집』 제8권 별집

145.廣文者傳, 방경각외전(放璚閣外傳), 『연암집』 제8권 별집

146.兩班傳, 방경각외전(放璚閣外傳), 『연암집』 제8권 별집

147.虞裳傳, 방경각외전(放璚閣外傳), 『연암집』 제8권 별집

148.醉踏雲從橋記, 엄화계수일(罨畫溪蒐逸), 『연암집』 제10권 별집

149.晝永簾垂齋記, 엄화계수일(罨畫溪蒐逸), 『연암집』 제10권 별집

150.答李仲存書, 연상각선본(煙湘閣選本), 『연암집』 제2권

151.遼野曉行, 영대정잡영(映帶亭雜咏), 『연암집』 제4권

152.吟得一絶, 영대정잡영(映帶亭雜咏), 『연암집』 제4권

153.6월 24일 신미(辛未), 도강록(渡江錄), 『열하일기』

154.7월 1일 정축(丁丑), 도강록(渡江錄), 『열하일기』

155.7월 5일 신사(辛巳), 도강록(渡江錄), 『열하일기』

156.7월 8일 갑신(甲申), 도강록(渡江錄), 『열하일기』

157.7월 12일 무자(戊子), 성경잡지(盛京雜識), 『열하일기』

158.7월 15일 신묘(辛卯), 일신수필(馹汛隨筆), 『열하일기』

159.8월 4일 경술(庚戌), 관내정사(關內程史), 『열하일기』

160.8월 5일 신해(辛亥), 막북행정록(漠北行程錄), 『열하일기』

161.一夜九渡河記, 산장잡기(山莊雜記), 『열하일기』

162. 幻戲記, 환희기(幻戲記), 『열하일기』